Praxis Buch

Englisch im Kindergarten

Little Ones

- Unterrichtseinheiten für 4 Halbjahre
- Umfangreiche Liedersammlung mit Lieder- und Playback-CD

Caroline Fiedler

SCHUBI

THANKS

... to Christine A. for the spark

... to my Stiefschwester for helping me lay the fire

... to Hermi, Erika and all their kids for lighting it

... to my own Little Ones for helping me keep it burning.

Erzieherin / Lehrerin / Spielleiterin

Bei Personenangaben haben wir aus Gründen der Lesbarkeit stets eine Form, die weibliche, verwendet.

Es sind jedoch immer beide Geschlechter in gleichberechtigter Weise gemeint. Wir bitten um Verständnis, lads!

CH-8207 Schaffhausen

service@schubi.com
www.schubi.com

1. Auflage 2009

ISBN 978-3-86723-189-3

No 141 26

VORWORT

Nachhilfestunden in Englisch gehören zu meinem täglichen Brot und es stört und enttäuscht mich immer, zu erleben, wie die Schüler der 5. und 6. Klassen mit dem Stoff überfordert sind. Auf einmal kommt lawinenartig diese Fremdsprache auf sie zu und sie haben keinen Halt, an dem sie sich festklammern können. Andererseits kann ich als Native Speaker in den Volksschulen sofort die Kinder erkennen, die bereits im Kindergartenalter Erfahrung mit Englisch gemacht haben. Sie sprudeln vor Selbstbewusstsein, verfügen über einen beachtlich großen Wortschatz und werden immer von den Klassenkollegen darum beneidet!

Es ist so schade, dass nicht alle Kinder diese Chance haben, sondern nur diejenigen, deren Eltern zusätzlich Zeit und Geld dafür aufbringen können. Das Sprachfenster im Kleinkindalter ist weit offen, doch meistens wird erst mit der Spracherziehung begonnen, wenn es schon längst zu spät ist. Wenn im Kleinkindalter durch das Üben einer oder mehrerer Fremdsprachen die Synapsenverbindungen aufgebaut werden, bleiben sie ein Leben lang.

Alles spricht für Englisch im Kindergarten und ich denke tatsächlich, es gibt keine günstigere Zeit eine Fremdsprache zu lernen! Gleich zu Beginn möchte ich einige der häufigsten Fragen aufgreifen, die in diesem Zusammenhang meistens auftauchen, und mit kurzen Sätzen beantworten.

- **Warum Englisch?**
  Im Zeitalter von Globalisierung und multikultureller Gesellschaft ist die Fähigkeit zur Kommunikation in der englischen Sprache fast unabdingbar. Sie öffnet Chancen in der persönlichen Entwicklung in Schule, Beruf und Freizeit.

- **Ist es nicht zu früh ...?**
  Wenn ein Kind im Alter zwischen 3 und 6 Jahren eine Fremdsprache lernt, öffnet dieser frühe Kontakt die Sprachstruktur im Gehirn und behält dieses Fundament ein Leben lang. Das Kind wird sprachlich wendiger, im Denken leistungsfähiger und erfährt Toleranz zwischen unterschiedlichen Kulturen.

- **... und zu schwer?**
  Über zwei Drittel der Weltbevölkerung wachsen mehrsprachig auf. Sprachen Lernen ist eine natürliche menschliche Eigenschaft und kein besonderes Talent. Die Kinder sollen natürlich ihrem Alter entsprechend für die Sprache sensibilisiert und dabei nicht überfordert werden. Wenn das Lernen Spaß macht, werden sie unbewusst ihre vorhandenen Erfahrungen aus dem Erwerb der Muttersprache nutzen. Kinder mit nicht deutscher Muttersprache lernen Englisch häufig sogar noch leichter.

  Englisch lernen in diesem Alter fördert die gesamte kognitive Entwicklung und stärkt das Selbstvertrauen.

- **Sollten die Kinder nicht zuerst ihre Muttersprache richtig lernen?**
  Wer früh anfängt, hat es leichter. Im Kindergartenalter stellt das Entdecken und Entschlüsseln von neuen Wörtern auch in der Muttersprache eine der Hauptaufgaben oder -herausforderungen dar. Der Erwerb einer zweiten Sprache bringt dieses Lernen nicht durcheinander, sondern begünstigt sogar das Lernen in der eigenen Sprache.

Über dieses Buch

In diesem Buch finden Sie alles, was es braucht, um wirksamen, lustigen Englischunterricht im Kindergarten anzubieten.

Ich wünsche Ihnen viel Spaß bei der Arbeit mit Little Ones.

Caroline Fiedler

INHALTSVERZEICHNIS

KAPITEL 1

EINLEITUNG / INTRODUCTION

Wie ist dieses Buch entstanden?

Was für ein Desaster! Ich erröte noch immer, wenn ich zurückdenke, wie meine erste Englischstunde in einem Kindergarten gelaufen ist. Die älteste Tochter hatte mich als Native Speaker in ihrer Vorschulklasse als Lehrerin und der Sohn wollte unbedingt, dass Mama das Gleiche für ihn im Kindergarten machte. „Kein Problem", dachte ich und ging sorglos in die Gruppe hinein. Nach dem dritten Mal „Old MacDonald" und dem neunten Bauernhoftierfoto war es eindeutig, dass die Kinder nicht mehr wollten, und unser kleiner Sitzkreis löste sich rasch auf. Na ja, im Kindergarten sind sie doch zu jung, eine Fremdsprache zu lernen. Die Kinder haben nicht die Ausdauer, könnte man denken. Oder doch ... ? Zum Glück erlebte ich später etwas, was meine Meinung dazu änderte.

Als ich mit meiner jüngsten, damals eineinhalbjährigen Tochter den „Musikgarten" besuchte, kam eine Mutter auf mich zu und meinte, wie toll es wäre, eine ähnliche Art von Stunde in Englisch zu haben. So wurde der erste Versuch gestartet, Englisch für Kleinkinder und ihre Eltern spielerisch anzubieten. Es war erstaunlich, wie viel die kleinen 1 ½- bis 3-Jährigen alleine durch Singen und Spielen von der Sprache aufsaugten.

Kurz darauf wurde ich wieder gebeten, einen Englischkurs in einem Kindergarten zu halten. Ich übernahm vom „Musikgarten" die Idee einer strukturierten Stunde und entwickelte diese mit Hilfe einer befreundeten Kindergärtnerin weiter. Der Kurs wurde in mehreren Kindergartengruppen mit Erfolg ausprobiert und erfreute sich großer Beliebtheit. Es war eine Freude jedes Mal zu erleben, mit welcher Leichtigkeit die Kleinen die neue Sprache aufnahmen.

Die Stunden wurden in vielen verschiedenen Situationen eingesetzt, sowohl in der Bildungszeit unter Einbezug und mit Unterstützung der Erzieherinnen, wie auch am Nachmittag als Privatstunde, in großen und kleinen Gruppen, in ländlichen Gebieten, der Stadt, in Montessori Kindergärten oder privaten Einrichtungen. Die Erzieherinnen und Kindergärtnerinnen waren besonders am Inhalt und den Methoden interessiert und ihnen möchte ich hier an dieser Stelle herzlich danken. Ihre Ideen, geduldige Unterstützung und ihr Feedback haben den Kurs sehr bereichert.

Hintergrund

Viele deutschsprachige Kindergärten in Deutschland, Österreich und der Schweiz möchten Englisch als pädagogisches Angebot im Standardprogramm anbieten und daher wird vielerorts Frühenglisch stark gefördert. Einige Privatkindergärten stellen zu diesem Zweck sogar Native Speaker an. Erzieherinnen und Kindergärtnerinnen sind sehr daran interessiert, ihren Kindern Englisch beizubringen, aber viele wissen nicht, wo sie anfangen sollen oder fühlen sich in ihrer eigenen Sprachkompetenz zu unsicher. Andererseits verfügen Native Speaker nicht unbedingt über Erfahrungen im Unterrichten und Arbeiten mit Kindern in diesem Alter. Sie brauchen didaktische Unterstützung, um die Aufmerksamkeit der Kinder nicht zu verlieren und Lernziele angemessen erreichen zu können. Die Zusatzausbildungen, die außerhalb des Bildungssystems angeboten werden, sind oft nicht erschwinglich. Für beide Voraussetzungen bietet dieses Buch eine solide und passende Grundlage.

Die Lösung

Little Ones ist ein fertiges Paket von Unterrichtseinheiten, Liedern, Material und Spielvorschlägen, die Erzieherinnen und Native Speakers leicht einsetzen können. Der Wortschatz ist auf den künftigen Schulstoff abgestimmt und somit gezielt auf die Kompetenzanforderungen A1 des CEFR (Gemeinsamer Europäischer Referenzrahmen für Sprachen) hin erstellt. Das Besondere an der Little Ones Methode ist, dass sie vollkommen altersgerecht, mit viel Bewegung und passenden Liedern unterrichtet wird. Jede Stunde ist bewusst sehr abwechslungsreich gestaltet, damit die Kinder bis zum Ende freudig und aufmerksam mitmachen. Sie bindet außerdem Eltern und Erziehungsberechtigte in den Lernprozess ein. Eine wichtige Eigenschaft dieses Konzeptes ist die Verwendung von möglichst vielen Kinderliedern, Reimen, Geschichten und Spielen, die gleichaltrige Kinder in englischsprachigen Ländern im Alltag kennenlernen. Eine Tradition von mehreren hundert Jahren bürgt für ihre Beliebtheit und Wirksamkeit.

Außerdem ist das Kennen dieses Kulturgutes für Kinder und Erwachsene eine große Chance, zum Beispiel wenn sie mit anderen Kindern im Ausland in Kontakt treten. Ein gemeinsames „Ring-a-ring-a-roses"-Spiel ist ein toller Eisbrecher!

Wie unterscheidet sich Little Ones von anderen Früherziehungsmethoden?

Vom Ziel und Ergebnis her eigentlich kaum. Es gibt hervorragende Methoden mit weltweitem Erfolg, die ideal für extracurriculare Englischstunden geeignet sind. Little Ones andererseits ist extra für den Einsatz im Kindergarten entwickelt worden und ist angepasst an die am meisten verwendeten Englischbücher im deutschsprachigen Raum, die von den Schulen im Anschluss eingesetzt werden.

Die Lernziele

Wie beim Hausbau sollen die Grundsteine der Fremdsprache massiv und richtig gelegt werden, sodass der Weiterbau in der Grundschule und den weiterführenden Schulen eine möglichst gute Basis vorfindet.

Das gelingt, wenn ...

... *die Sprachmelodie eingeprägt wird,*
... *ein Grundwortschatz aufgebaut wird,*
und vor allem,
... *wenn Englisch verbunden wird mit Spaß, mit Freude am Entdecken und Ausprobieren.*

Spaß haben. Wie äußert sich das?

Es war der erste wirklich schöne Sommertag und die Kinder spielten zum ersten Mal seit Wochen eifrig im Garten. „Das wird unmöglich sein", dachte ich mir als ich zur Gartentür ging, um die erste Gruppe für Englisch aufzurufen. Als die Kinder mich erblickten, riefen sie durcheinander: „Englisch! Englisch! Caroline ist da!", und sie stürmten auf mich zu.

Die Kinder machen gern bei der Englischstunde mit, weil Sprachen Lernen eigentlich eine der Haupttätigkeiten in diesem Alter ist. Das Vermitteln der Sprache darf aber nie als Unterrichtsstunde gesehen werden, sonst verlieren die Kinder schnell ihr Interesse. Es muss ganz natürlich und spielerisch geschehen und zwar möglichst ganzheitlich.

In einem Bericht über einen anderen Ansatz bin ich auf den Satz gestoßen: „Wenn die Kinder Lust auf Bewegung haben, wird an dem Tag kein Englisch gelernt." Das machte mich sehr traurig. Warum nicht Englisch und Bewegung? Gerade das hilft, die Sprache einzuprägen. Wenn wir „Fire, water, wind" oder „Crossing the river" spielen, werden die passenden Bewegungen so natürlich mit dem gesprochenen Wort in Verbindung gebracht, dass es völlig unbewusst aufgenommen wird. Außerdem trägt der erhöhte Spaßfaktor wesentlich zum allgemeinen Lernerfolg bei.

Es ist allerdings eine ständige Gratwanderung zwischen undiszipliniertem Herumtollen, mit ausuferndem Wetteifern der Kinder und einer faden, „braven" Stunde. Wie jede Erzieherin weiß, sind sogar 30 Minuten eine ewig lange Zeit für Frontalunterricht. Nur durch einen sehr strukturierten und gut durchdachten Stundenablauf kann man sowohl Aufmerksamkeit wie auch Disziplin erhalten und die Lernziele sicher erreichen.

Das bedeutet, durch abwechslungsreiche Einheiten die natürliche Neugier zu wecken und den Wissenshunger zu stillen. Andererseits gehört die Geborgenheit einer vertrauten Routine dazu, mit ausreichenden Wiederholungen, sodass alle Kinder eine Chance haben, sich den gelernten Stoff einzuprägen und ihr Können vorzuzeigen. Die Kinder wiederholen stolz, was sie gelernt haben, und zeigen keine Hemmungen zu sprechen, wie das später bei älteren Kindern vorkommen kann. Es ist ein erfrischender Unterschied zwischen dem zögernden Aufzeigen der Schulkinder und dem fast betäubenden, gleichzeitigen Herausschreien von „cake", „sausages" und „ice cream" im Kindergarten!

Jedes Kind sollte mindestens ein Erfolgserlebnis pro Stunde haben, das durch Rückmeldungen oder Selbsterkenntnis wahrgenommen werden kann.

Die Sprachbegegnung

Little Ones kombiniert zwei Arten von Sprachbegegnung: unbewusste über die Sprachmelodie und bewusste über das Lernen von Begriffen aus dem Grundwortschatz.

Unbewusst – Sprachmelodie

Mit unbewusst ist gemeint, dass die Sprache wie eine Art Hintergrundmusik aufgenommen wird, ohne dass sie bewusst übersetzt werden muss. Sie dient ausschließlich der Einprägung der Sprachmelodie, die in diesem Alter die höchste Priorität hat und am förderlichsten für den natürlichen Spracherwerb ist.

Es wäre schön, wenn die ganze Stunde aus dieser Art von Spracherfahrung (Immersion) bestehen könnte, aber es braucht auch Zeit, um die Bedeutung der Wörter spezifisch anzusprechen, und außerdem kann es besonders am Anfang sehr verwirrend wirken, wenn gar nichts übersetzt oder in der Muttersprach erklärt wird. Die Kinder hätten keinen direkten Lernerfolg. Es kann sogar passieren, dass Kinder, wenn sie die ersten Fremdwörter hören und daraus nichts verstehen, sofort abschalten oder Panikgefühle bekommen. Es ist dann sehr schwierig diese Kinder nachher zu motivieren, ihre natürlichen Übersetzungsfähigkeiten mittels Körpersprache oder Assoziationen einzusetzen.

Im Zusammenhang mit der unbewussten Sprachbegegnung ist eine authentische Aussprache wesentlich. Die Quelle der traditionellen englischen Kinderlieder liefert uns eine Menge wunderbarer Lieder, die leicht zu lernen und häufig über die Sprachgrenzen hinaus bekannt sind. Einige Eltern und Großeltern werden sicher „Head, sholders, knees and toes“ oder „Old MacDonald“ mitsingen können. Wenn die Sprache musikalisch untermauert in Form von Liedern serviert wird, ist sie umso leichter aufzunehmen

Bewusst – Grundwortschatz

In diesem Teil werden Wortgruppen zu einem Thema einstudiert und wiederholt. Die Kinder sollen die Bedeutung der Wörter verstehen und spontan wiedergeben können. Sie werden so eingeführt, dass sie nicht als Übersetzung aus der Muttersprache aufgenommen werden, sondern als Parallelbegriffe mithilfe von Flash Cards oder Gegenständen. Mit dem Aufbau des Grundwortschatzes kommen die Erfolgserlebnisse, die den Kindern große Lernfreude bereiten. Die Ausmalblätter und mehrmaliges Wiederholen in verschiedenen Situationen festigen diesen Stoff.

Pro Semester gibt es zwischen 40 und 55 solcher Wörter, immer in kleine, homogene Pakete aufgeteilt. Sie werden staunen, wenn Sie am Anfang des neuen Semesters die Wiederholungen durchführen und sehen, wie der Wortschatz gewachsen ist. Das Üben zu Hause mit den Mitmachheften und den Ausmalblättern veranschaulicht das auch für die Eltern, ohne dass das peinliche „Also Maxi, sag mir mal etwas auf Englisch!“ kommen muss.

Wie wurde der Grundwortschatz ausgewählt?

Basiswörter

Diese Wörter werden über den allgemeinen Dialog oder Chants und Lieder in der Stunde vermittelt. Sie werden so präsentiert, dass sie keine Übersetzung benötigen und bilden das Grundgerüst zum Verständnis. Ich lege zudem besonders viel Wert auf die Sensibilisierung von typischen, feststehenden Fragen und Formulierungen, weil diese in der englischen Sprache ziemlich problematisch sind, wenn sie bewusst gelernt werden müssen. Wir erarbeiten einen Grundstock von Sprachmustern, die später die intuitive Auswahl erleichtern, weil etwas „richtig klingt“.

Beispiele

Fragen: How are you today? What's your name? How do you do? How many? Who? Where is? What colour is ...? What does Maxi do?

Antworten: I'm Maxi, My name's Maxi, Yes, No, Thank you, He goes clap, clap, clap.

Aufforderungen und Kurzsätze:
Hallo, goodbye, see you next week, please, it's your turn, stand up, sit down, be quiet, sing with me, clap, stop, come with me, say after me, let's ... , let's play a game, make a circle, Look at!, here's, turn around, touch, point to, stamp, shake, wave

Zahlen:
aufbauend zuerst bis 3, dann bis 6, weiter bis 10 und rückwärts.

Themen

Bei den 475.000 Wörtern in der englischen Sprache muss man wohl irgendwo anfangen, aber womit? Jede Little Ones Stunde fokussiert ein neues Wortfeld, das altersgerecht ausgewählt und gefüllt wurde. Natürlich sollten die üblichen Dialoge aus den Englisch-für-Anfänger Büchern nicht ganz fehlen. Aber bei Kindergartenkindern passt das übliche Konversationsenglisch noch nicht. Der kleine Florian wird auf die Frage, was er gerade gelernt hat, nicht mit Begeisterung antworten „Two return tickets to Glasgow, please". Man muss sich die Frage stelle, was Kinder in diesem Alter brennend interessiert und entsprechend die Themen auswählen. Entwicklungspsychologisch gesehen ist es alles, was den Urinstinkt anspricht: die natürliche Umgebung, Tiere, Natur, Umwelt. Das erklärt, warum Kinder sich das einfache Wort „hat (Hut)" schwer merken können, dafür aber sofort und einwandfrei „lion, tiger, snake and monkey" aufschnappen. Es erklärt auch, warum alles, was mit „sweets" verbunden ist, noch rascher gelernt wird! – Versuchen Sie einmal, die Farben mit „Smarties" einzuführen. Motivierend ist also wichtiger als nützlich, aber die Themen müssen trotzdem so ausgewählt und aufgebaut werden, dass sie einen Sinn ergeben. Sie müssen mit dem Kindergartenalltag kompatibel sein und zu Kommunikation anregen. Wir sollten nicht zu viel dem Volksschulenglisch vorweg nehmen, aber es ist sehr wertvoll, wenn die wichtigsten Ecksteine (Farben, Zahlen usw.) im Kindergarten schon eingeübt werden.

Es gibt einige Wörter, die fast oder genau gleich wie ihr deutscher Partner klingen (z.B. fish – Fisch, house – Haus, hen – Henne, tractor – Traktor, bear – Bär). Hier können die Kinder erkennen, dass Fremdsprachen oft nicht so „fremd" sind, wie sie glauben, und manchmal freuen sie sich über ein paar „geschenkte", einfache Wörter.

Lernzielkontrolle

Eltern lächeln entzückt bei der Aufführung am Jahresende und sind stolz, wie fließend ihre Kleinen in einer Fremdsprache reden und singen. Die Tatsache aber, dass die kleine Julia perfekt ein ganzes Lied nachsingen kann, ist leider kein Beweis dafür, dass sie es inhaltlich versteht. Sie wird auch sicher nicht in der Lage sein, neue Sätze daraus zu formulieren.

Das ist aber bei Weitem kein Grund zu sagen, dass ihr die Englischstunden nichts gebracht haben. In der Melodie des Lieds hat Julia etwas viel Wertvolleres als den Inhalt gelernt. Sie kann die Melodie der Sprache reproduzieren. Laut Alfred Tomatis (*Das Ohr – Die Pforte zum Schulerfolg, Literaturverzeichnis, Seite 151*) ist das der Königsweg zum Spracherwerb. Diesen Weg beschreiten die Kinder sonst meistens nur beim Erlernen ihrer Muttersprache. Julia hat angefangen, ein Gefühl dafür zu entwickeln, wie etwas auf Englisch „richtig klingt", was für das grammatikalische Verständnis in späteren Jahren von großer Bedeutung ist.

Von den drei Lernzielen (Sprachgefühl, Wortschatz und Spaß an der Sprache) lässt sich der Grundwortschatz am

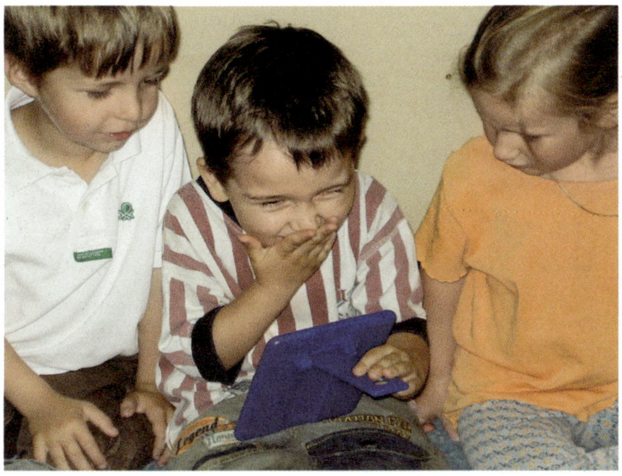

besten abfragen und testen, seine kognitive Auswirkung ist messbar. Wenn Maxi oder Mustafa auf die Flash Cards mit den passenden Wörtern und der richtigen Aussprache antworten, ist kristallklar, was und wie viel sie gelernt haben.

Die Größe des Wortschatzes: Der Erfolg jeder Sprachmethode wird anhand dieses empirischen Werts gemessen, auch wenn wohlbekannt ist, dass Quantität nicht automatisch Qualität bedeutet. Zähle ich die Themenwörter, die Basiswörter und die Wörter der Lieder, Reime und Geschichten von Little Ones zusammen, käme ich auf weit über 1000 Wörter. Was Freude und Spaß an der Sprache anbelangt, ist der Grad der Wirksamkeit bei Kindern in diesem Alter schwer zu verleugnen. Die Kleinen sind ein lebendiges Barometer für den effektiven Erfolg jeder Stunde.

Alles nur auf Englisch?

Ja, es geht wirklich! Bewegungen, Gegenstände und Bilder lassen die meisten Wörter für sich auf natürliche Weise sprechen. Was nicht geht, kann auch mit Mimik veranschaulicht werden. Wenn das nicht reicht, erlaube ich mir manchmal kurze Zwischenwörter auf Deutsch hinzuzufügen. Manche Ausdrücke, wie zum Beispiel „point to", sind nicht eindeutig und dürfen in der Muttersprache erklärt werden – aber nur beim ersten Mal!

Obwohl die Grundregel 'Eine Person – eine Sprache' am wirksamsten ist, und die Little Ones Stunde ausschließlich in englischer Sprache gehalten werden sollte, wird es keine Verwirrung geben, wenn Deutsch sprechendes Personal in der „deutschen" Alltagsumgebung trotzdem immer wieder englische Wörter bringt. So kommt die Botschaft herüber, dass sich das Kind auch trauen kann Englisch zu reden, weil seine Bezugspersonen es tun.

Kinder, die nicht mitmachen wollen

Nicht alle Kinder reagieren gleich auf den Englisch-Unterricht. Obwohl Little Ones an alle Lerntypen gerichtet ist, wird es Kinder geben, die einfach nicht mitmachen wollen. Das kann mehrere Gründe haben. Entweder scheuen sie den Gruppenkontakt oder sie mögen keine organisierten Stunden, es gibt soziale Probleme innerhalb der Gruppe oder einzelne Kinder sind schlicht Individualisten, die sich nicht überall einordnen lassen wollen. Bei den jüngeren Kindern würde ich in solchen Fällen einfach ein Jahr mehr Zeit geben.

Die Vorschulkinder anderseits sollten sich langsam an Unterrichtssituationen gewöhnen und es wird ihnen guttun, wenn man sie überreden kann, mitzumachen. Meistens reicht es, sie einige Mal am Rand sitzen zu lassen. Es dauert nie sehr lange, bis Neugier und Spiellust sie packen und sie zur Gruppe hin gelaufen kommen.

Die ersten Stunden

In jedem Kindergarten laufen die ersten paar Stunden immer etwas anders ab. Es ist wichtig, nicht in Panik zu geraten. Die Kinder sind manchmal selbst etwas verunsichert und schauen einen nur mit großen Augen an. „Was haben wir denn hier? Was sind das für komische Wörter?" Aber schon beim zweiten Mal wirkt der Ablauf etwas vertrauter und sie fangen an aufzuleben und wirklich mitzumachen.

Maxi und Julia

In diesem Buch nennen wir unsere Musterkinder Maxi und Julia. Wer diese Namen liest, weiß, dass man sie mit den Kindernamen aus der Gruppe ersetzen kann. Falls jemand die Kinder vorher nicht kennt, ist es besondes wichtig, sich Zeit zu nehmen und sich mit ihren Namen vertraut zu machen. Dafür sind die Begrüßungslieder auch da.

Während ältere Kinder sehr gern ihre englischen Namen hören (Michi -> Mike, Stefan -> Steve) habe ich die Erfahrung gemacht, dass viele jüngere Kinder sich damit oft schlicht beleidigt fühlen und sich wundern über die Dumme, die ihren Namen nicht richtig aussprechen kann.

Die Verwendung von Videos

Videos sind nicht Bestandteil von Little Ones Stunden. Eine lebendige Fremdsprache lernt man am effektivsten von lebenden Menschen. Ausserdem sind viele Einrichtungen nicht mit Fernseher und Videogerät ausgestattet. Es spricht aber umgekehrt nichts dagegen etwaige Fernsehstunden für Nachmittagskinder mit englischen Videos zu ersetzen. Hinten im Buch finden Sie eine kleine Liste empfohlener DVDs und Videos (Seite 152).

Basteln

Das Basteln gehört zum Kindergartenalltag und ist trotzdem nicht direkt in der Little Ones Stunde berücksichtigt. Kreative Erzieherinnen können sich zu allen Themen eine passende Bastelaktivität als Festigung ausdenken. Schön ist es, wenn normale Bastelanleitungen hin und wieder auf Englisch gegeben werden. Deswegen finden sich im Wortschatzkapitel die wesentlichen Begriffe dafür (Seite 142).

Didaktische Tipps und Hinweise

- Kindergartenkinder ...
  ... haben eine sehr kurze Aufmerksamkeitsspanne.
  → Halte die Stunde sehr abwechslungsreich!

- Kindergartenkinder ...
  ... lieben Musik.
  → Spiele wenn immer möglich „Livemusik" mit Gitarre!
  → Singt viele Lieder und tanzt!
  → Alle dürfen mitmachen!

- Kindergartenkinder ...
  ... sind unheimlich neugierig.
  → Gib ihnen etwas zum Entdecken, zum Beispiel aus der Surprise Box!

- Kindergartenkinder ...
  ... brauchen die Geborgenheit einer vertrauten Routine.
  → Sorge für Struktur und Wiederholungen!

- Kindergartenkinder ...
  ... mögen es bunt.
  → Verwende Bilder, Kuscheltiere, Spielzeug usw!

- Kindergartenkinder ...
  ... mögen es lustig.
  → Spiele Clown, unterhalte sie!

- Kindergartenkinder ...
  ... zeigen gerne ihre Kreativität.
  → Lass sie gestalten!

- Kindergartenkinder ...
  ... können nicht sehr lang sitzen.
  → Gib ihnen viele Möglichkeiten sich zu bewegen!

- Kindergartenkinder ...
  ... setzen alle ihre Sinne zum Lernen ein.
  → Übe mit Tasten, Riechen, Schmecken, Hören, Sehen!

- Kindergartenkinder ...
  ... reden sehr gern.
  → Toll! Lass sie drankommen!

KAPITEL 2

AUFBAU DER STUNDEN / LESSON CONCEPTS

Wie funktioniert das Little-Ones-Konzept?

Eine regelmäßige Einheit, die „Stunde“, dauert zwischen 30 bis 50 Minuten und wird jede Woche in kleinen Gruppen von 8 bis 12 Kindern im Kindergarten gehalten. Die Gruppen können altersmäßig getrennt werden. Ich habe aber sehr positive Erfahrung mit gemischten Gruppen gemacht. Die Großen unterstützen die Kleineren. Ideal für unseren Englischunterricht geeignet ist ein Bewegungsraum oder im Sommer der Garten. Ansonsten soll es einfach ein Raum sein, in dem genügend Platz zum Bewegen vorhanden ist.

Die Stunde wird entweder von der Kindergärtnerin oder einem Native Speaker geleitet. Schön ist es, wenn beide zusammen an der Stunde teilnehmen. Wenn die Englischkompetenzen der Kindergärtnerin nicht ausreichend sind, kann die Stunde mit Unterstützung einer CD gehalten werden.

Zwischen den eigentlichen Englischstunden gibt es viele Möglichkeiten zur Integration des gelernten Wortschatzes im Kindergartenalltag. Zu Hause kann auch mit den separat erhältlichen Lieder- und Playback-CDs und den Mitmachheften geübt werden.

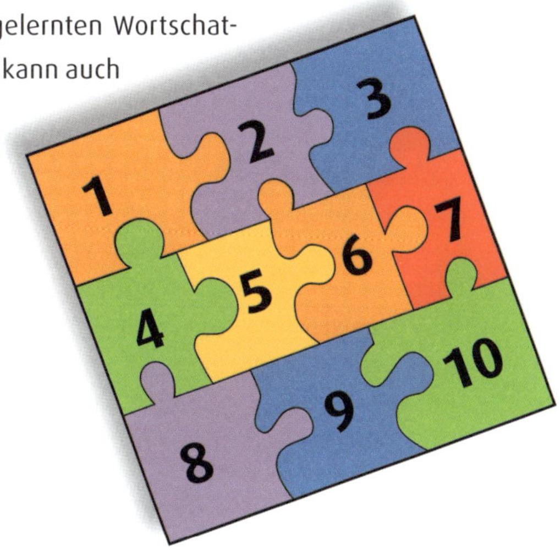

Legende zu den Tabellen Seite 14 – 17
Abkürzungen in der Spalte „Art“: A = auditiv K = kinästhetisch V = visuell

Baustein		Beschreibung	Botschaft
Begrüßung	*Einstieg in die Unterrichtseinheit*	Ein Gegenstand, zum Beispiel ein Spiegel, wird von Kind zu Kind gereicht. Jedes Kind sagt dann seinen Namen, alle singen und klatschen eine persönliche Begrüßung. „Hallo Maxi, how are you today?"	Willkommen in der Gruppe
Alternative Begrüßung	*Einstieg in die Unterrichtseinheit*	Es wird kein Gegenstand mehr verwendet. Die Erzieherin schüttelt dem ersten Kind die Hand und begrüßt es mit „How do you do?" Das Kind macht es nach und grüßt das nächste Kind. Dazwischen singen alle zusammen „Let's sing Hallo to Maxi" oder „Please and thank you" oder „Maxi's learning English" oder „Hallo and what's your name?"	Grüß Gott, Guten Tag, Hallo, Grüezi
Chant	*Einstieg in die Unterrichtseinheit*	Ganz einfache, rhythmische Sätze werden nachgesprochen und durch Handbewegungen veranschaulicht.	Nachsprechen ist einfach
Stammlied	*Einstieg in die Unterrichtseinheit*	Ein „Ohrwurm"-Lied, das leicht zum Singen und auf- oder ausbaufähig ist. Es kann durch Bewegungen veranschaulicht werden.	Mitmachen ist leicht und lustig
Surprise Box	*Thema der Unterrichtseinheit*	Die Surprise Box ist eine Schatztruhe und wird jedes Mal in die Kreismitte gestellt. Die Kinder dürfen der Reihe nach hineingreifen und einen Gegenstand abtasten, der einen Teil des neuen Wortschatzes vorstellt. Sie müssen zuerst erraten, was es ist, dann wird er aus der Surprise Box herausgenommen und besprochen. Der Gegenstand wird herumgereicht und alle sprechen das Wort dafür aus. Alle neuen Wörter in der Themengruppe werden auf diese Art geübt. Manchmal werden die Gegenstände in einem Spiel wieder benutzt oder gezeichnet. Ein passendes Lied wird neu gelernt.	Es gibt immer etwas Neues zu entdecken
Bewegungsspiel	*Thema der Unterrichtseinheit*	Die Kinder werden herausgefordert, durch Bewegung im Raum ihr Wissen über die neu gelernten Wörter zu zeigen.	Das Neugelernte körperlich zum Ausdruck bringen
Bewegungsspiel-Variation	*Thema der Unterrichtseinheit*	Später werden Spiele gespielt, die die Kinder auffordern, verschiedene Handlungen und Bewegungen auf Anweisung zu zeigen (Verben).	

Zweck	Lernziel	Schwerpunkt	Art*	Form
■ Alle kennen voneinander die Namen. ■ Kinder erfahren, dass sie „dran" sind, wenn sie einen Gegenstand in der Hand haben ■ Jedes Kind fühlt sich persönlich angesprochen und in der Gruppe aufgenommen	■ Jedes Kind kann die Liedtexte mitsingen und sich dem Ablauf entsprechend anpassen ■ Später kann das Kind auf die Frage „How are you today?" mit „fine" oder „not fine" antworten	Sprechen (Verstehen)	A, K	im Kreis sitzend
■ Jedes Kind fühlt sich persönlich angesprochen und in der Gruppe aufgenommen ■ Auflockerung mit Singen und Händeschütteln ■ Eine nützliche (und lustige) Begrüßungsform wird eingeprägt	■ Jedes Kind grüßt mit Überzeugung und kann „How do you do?" richtig aussprechen	Sprechen, Verstehen, motorisches Lernen	A, K	im Kreis
■ Sprachmelodie präsentieren ■ Jedem Kind Freiraum geben, sich nach eigenem Ermessen zu beteiligen	■ Jedes Kind macht die richtigen Bewegungen und spricht den Chant im Rhythmus nach	Sprechen, motorisches Lernen	A, K	im Kreis sitzend
■ Durch Wiederholungen lernen ■ Anfänger und jüngere Kinder können einzelne Teile (Geräusche) mitmachen, ohne sich zu blamieren ■ Anmerkung: Das Lied ist beliebt und wird gern gesungen. Auch gut für Aufführungen geeignet	■ Jedes Kind hat sich die Bewegungen und Geräusche zu den Elementen gemerkt und kann sie vorschlagen. Später werden die Elemente richtig benannt. (z. B. horn, wipers, doors)	Sprechen, motorisches Lernen, Verstehen	A	im Kreis sitzend
■ Den Wortschatz des Themas durch Sinneserfahrungen erleben ■ Natürliche Neugier wecken	■ Jedes Kind entwickelt Interesse für das neue Thema ■ Jedes Kind kann die neuen Wörter korrekt wiederholen	Sprechen, motorisches Lernen, Verstehen	A, K, V	im Kreis sitzend
■ Auflockerung und Bewegung einbringen ■ Kontrolle, ob die neuen Wörter richtig verstanden worden sind ■ Die Wörter wiederholt aussprechen	■ Jedes Kind kann die richtigen Bewegungen zu den Wörtern kombinieren und zeigen	motorisches Lernen, Denken	A, V	im Raum
■ Verben einfach vorstellen ■ Mit regelmäßigen Wiederholungen die Bewegungen mit dem Wort in Zusammenhang bringen	■ Jedes Kind macht die korrekte Bewegung	motorisches Lernen, Denken	A, V	im Raum

Erläuterungen zu den Abkürzungen in dieser Spalte, siehe Seite 13

Einleitung
Aufbau
Unterrichtseinheiten
Lieder
Spiele
Geschichten
Wörterverzeichnis

Baustein		Beschreibung	Botschaft
Bewegungslied 6	Thema der Unterrichtseinheit	Ein Lied mit Bewegungen, möglichst unter Einsatz des ganzen Körpers und oft im Kreis gesungen, wird eingeführt und wiederholt. Es muss nicht exakt zum Themenwortschatz passen und auch nicht komplett verstanden werden. Meistens ist dies ein traditionelles Kinderlied aus England oder den USA.	Wir singen in einer anderen Sprache.
Wiederholung 7		Das Lied oder Spiel aus dem Hauptthema der vorigen Stunde wird wiederholt.	Schau, was du dir gemerkt hast!
Handreim/Lied 8		Ein Reim oder Lied mit Handbewegungen wird im Kreis gespielt.	Handbewegungen können alle verstehen.
Geschichte 9		Anfangs werden „Nursery Rhymes" eingesetzt als Geschichten mit einfacher Handlung, die mit großen Bildern vorgespielt werden können (Living Stories, Seite 137) Später werden längere und komplexere Geschichten aus englischen Kinderbilderbüchern vorgelesen. Der Inhalt wiederholt teilweise den bereits gelernten Stoff. Die ausgewählten Geschichten sind nach Möglichkeit zum Mitmachen (mit Klappen zum Öffnen, „yes" und „no" sagen usw.).	Hör zu!
Abschied 10	Schluss	Ein kurzes Abschiedslied wird gesungen, in welchem jedes Kind der Reihe nach verabschiedet wird.	Es war schön mit dir. Bis zum nächsten Mal!

Zweck	Lernziel	Schwerpunkt	Art*	Form
■ Spaßelement betonen ■ Abwechselung und Belohnung für die bereits erbrachten Leistungen ■ Sprachmelodie einprägen ■ Etwas aus dem englischen / amerikanischen Kulturgut einführen und kennenlernen	■ Jedes Kind macht mit Begeisterung mit	motorisches Lernen	A, K,	im Kreis oder hintereinander stehend
■ Festigung ■ Bestätigung des Lernerfolgs ■ Zweite Chance für Langsamere	■ Jedes Kind kann den früher gelernten Wortschatz abrufen	Sprechen, motorisches Lernen, Denken	A, K, (V)	je nachdem
■ Konzentration ■ Ruhe zurückgewinnen	■ Jedes Kind singt, macht mit und konzentriert sich auf sich selbst	Sprechen, motorisches Lernen	A	im Kreis sitzend
■ Die Sprache in ihrer Gesamtheit präsentieren ■ Zum Verstehen der Zusammenhänge anregen ■ Den Kindern zeigen, dass, auch wenn man nicht jedes Wort versteht, die Geschichte trotzdem verständlich ist ■ Wiederholung von bekannten Wörtern ■ Als Belohnung	■ Jedes Kind hört aufmerksam zu und antwortet oder reagiert korrekt, wenn es aufgefordert wird, mitzumachen. Beispiel: „But the caterpillar was still ... ." Kinder: „... HUNGRY"!	Verstehen	A, V	im Kreis sitzend
■ Englische Abschiedsformen kennenlernen	■ Jedes Kind spricht die Liedertexte deutlich und kann die Lieder auswendig ■ Jedes Kind sagt „Goodbye" oder „Bye-bye"	Sprechen, motorisches Lernen	A	im Kreis sitzend

* *Erläuterungen zu den Abkürzungen in dieser Spalte, siehe Seite 13*

Einzelne Bausteine und Materialien genauer erklärt

Chants

Verse oder Chants sind rhythmisch gesprochene Sätze, die ähnlich leicht zu merken sind wie Lieder, aber trotzdem mehr ins reine Sprechen gehen.

Lieder

Lieder sind der Schwerpunkt jeder Stunde, weil sie für dieses Alter ideal geeignet sind, die Sprachmelodie über Musik zu transportieren und weil sie gerne gesungen werden. Wichtig ist eine Instrumentalbegleitung (Gitarre oder Klavier) oder der Einsatz der beiliegenden Playback-CD. Ein gewöhnlicher CD-Player zum Abspielen genügt. Je nach Bedarf können zudem Orff-Instrumente (Triangel, Tamburin, Trommel) eingesetzt werden. Auch das Einsetzen von Zeichen, Mimik, Handbewegungen oder abgesprochenen Pantomimefolgen erleichtert das Einprägen der Texte.

Surprise Box

Die Surprise Box (siehe Abbildung unten und Seite 10) weckt die Neugier und bringt den Tastsinn ins Spiel. Weil sie einen regelmäßigen Platz in der Stunde hat, wird sie immer mit Freude erwartet. Gerade wegen ihres regelmäßigen und intensiven Einsatzes muss sie sehr strapazierfähig sein. Möbelgeschäfte oder Baumärkte bieten solche Truhen an. Ein Fühlkasten oder alternativ Fühlsäckchen können auch direkt im Fachhandel erstanden werden.

Bewegungslieder

Bewegung ist immer ein wesentlicher Teil der Stunde. Mindestens 15 Minuten werden mit Bewegungsliedern

oder -spielen verbracht, einerseits um die Lernfreude zu wecken und andererseits, weil Lernimpulse über den Körper größere Erfolge erzielen.

Spiele

Die Spiele sind dem Alter angepasst und unterstützen die bereits gelernten Wörter.

Kreislieder

Das Zusammenkommen im Kreis beruhigt die Kinder und holt die Gruppe wieder zusammen. Die Kreislieder sind sehr wichtig nach lebendigen Spielen, um wieder Ordnung zu schaffen und Konzentration herbeizuführen.

Handreime

Alle Kindergartenkinder lieben Handreime, auch solche auf Englisch. Viele Kinder führen die Handbewegungen gerne zu Hause vor und zeigen, was sie schon alles gelernt haben.

Geschichten

Auf diesen Teil der Stunde freuen sich die Kinder sehr. Wenn sie bei der Geschichte mitmachen können (durch Tasten oder bei den „Living Stories“) hört man nie eine Klage, dass sie nichts verstehen. Das Erzählen kann unterstützt werden durch den Einsatz von Pantomime und Mimik, Bildern (Living Stories), Bilderbüchern oder Handpuppen.

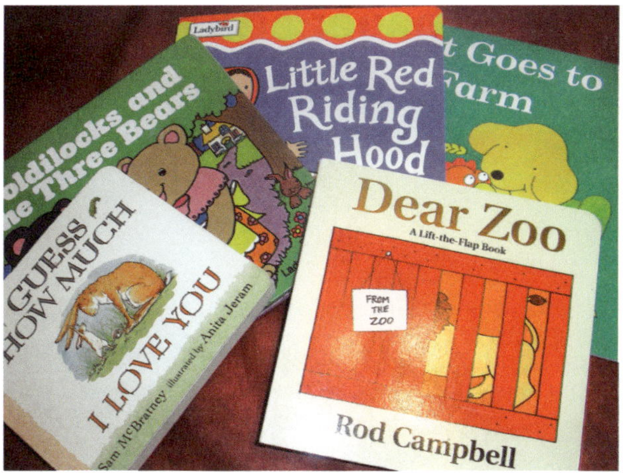

Pantomime

Das Nachahmen von Liedern oder Geschichten wird oft verwendet, um das Gelernte durch Bewegung zu veranschaulichen und zu festigen.

Zusätzliche Materialien

Flash Cards, Vorlagen zu den Living Stories und Ausmalblätter (No 141 27)

Bunte Abbildungen der Themenwörter. Zu jedem Wortfeld des Grundwortschatzes gibt es Ausmalblätter.

Lieder und Playbacks (No 141 35)

Die CDs zu diesem Buch sind auch einzeln erhältlich.

Bilderbücher

Viele Bilderbücher können im Buchhandel auch in Englisch gekauft werden. Eine Liste mit empfohlenen Geschichten findet sich auf Seite 138.

Handpuppe

Da Little Ones nicht mit einer eigenen Identifikationsfigur arbeitet, kann eine beliebige Figur gewählt werden. Wählen Sie bewusst eine neue Figur, die nur mit diesen Englischstunden im Zusammenhang steht, es kann ein englisches oder amerikanisches Modell sein, welches die Kinder aus den Medien kennen (z. B. Sponge Bob, Mickey Mouse, Spot, Bob the Builder).

Spiegel

Im ersten Halbjahr wird für die Begrüßung ein Spiegel benötigt. Er soll möglichst groß, aber leicht für kleine Hände zu halten und unbedingt robust sein.

Gegenstände und Spiele

Nach Bedarf kommen diverse kleine Gegenstände zum Einsatz, die in der Regel in jedem Kindergarten vorhanden sind: Puzzels, Bausteine, Puppengeschirr, Würfel, Legematerial. Vieles läßt sich durch „englische" Augen ganz neu betrachten.

Allgemeiner Ablauf einer Stunde

Um den Ablauf einer Stunde auch auf der sprachlichen Ebene zu begleiten, sind hier immer mögliche Formulierungen als Rahmendialoge angegeben. Sie sind als Orientierung oder Hilfestellung gedacht und keinesfalls immer wörtlich zu nehmen. Als Musterstunde wurde die erste Einheit genommen.

Ankündigung der Englischstunde

Die Kinder werden mit dem Lied „All aboard" zusammengerufen und sie kommen Hand in Hand zu einem Sitzkreis, wo die „Lehrerin" mit der Gitarre sitzt. Wenn alle angekommen sind, kann das ganze Lied gemeinsam nochmals gesungen werden.

Rahmendialog:

Come along children, it's time for English. All aboard!
Alle singen „All aboard" und die Kinder reihen sich in die Schlange ein.

1 Begrüßung

Mit dem bekannten Begrüßungslied „Hallo Maxi, how are you today?" beginnt jede Stunde.

Mit der Zeit kennen die Kinder das Ritual mit dem Spiegel und können spontan und selbstständig mitmachen.

Rahmendialog:

Come and sit in a nice round circle. Einen Kreis am Boden zeigen. Maxi, move closer to Florian.
Julia, come a bit nearer. Celina, give David a bit more room. That's lovely.

Dem ersten Kind den Spiegel geben.
Maxi, who's that in the mirror? It's you isn't it? It's Maxi. Let's all sing hallo to Maxi. Alle singen. Now Maxi pass the mirror on to Julia, please. Who's that in the mirror? Singen, bis alle dran waren.

„How are you today?" That means „Wie geht's dir heute?" So how are you Julia? Are you fine? Mit dem Daumen nach oben zeigen und lächeln.

Or are you not fine? Mit dem Daumen nach unten zeigen und ein trauriges Gesicht machen. Oh you're fine. That's great! Oh you're not fine, that's sad!

2 Chant

Sogleich fängt die Lehrerin mit einem kurzen Chant an, unter Einbeziehung von rhythmischem Klatschen: „1-2-3 clap with me."

Rahmendialog:

Ohne Einleitung gleich nach der Begrüßung den Kindervers ansingen und anschließend direkt eine Überleitung zum Lied anhängen. Somit beginnt die Stunde mit viel Schwung.

What shall we sing? Let's sing „The Wheels on the Bus."

3 Stammlied

Das Lied wird eingeführt und von allen gleichzeitig gesungen.

Viele Lieder werden anfangs mit 1-2 Strophen gesungen und können nach und nach um eine weitere Strophe erweitert werden. Jedes Mal werden die Kinder gefragt: „What else is on the bus?" oder „What else can Maxi do?" Daraus ergeben sich gleichzeitig Rückschlüsse über das Sprachverständnis und den Lernstand.

Rahmendialog:

What are wheels? Mit Hilfe eines Spielzeugbusses die Räder zeigen. They go round and round. Everybody do the wheels with your hands. Bewegung zeigen. That's great. Now we'll sing it again with the actions. Singen.

Now, there are babies on the bus. They go wäh, wäh, wäh. Let's be the babies. Strophe mit Babies singen. What loud babies!

What else is on the bus? And what does the horn do? That's right it goes beep, beep, beep. Let's all sing and do the actions. Strophe mit Hupe singen. Very good, Florian.

4 Surprise Box und Themenlied

Die Kinder dürfen in die Box hineingreifen und tasten. Zuerst wird versucht zu erraten, was darin ist.

Dann dürfen sie den Gegenstand herausnehmen und betrachten. Die Lehrerin benennt die Gegenstände immer

deutlich auf Englisch, ohne die deutsche Übersetzung anzuhängen. Anschließend wird der erste Gegenstand im Kindersitzkreis herumgereicht. Wenn ein Kind ihn in der Hand hält, muss es das Wort deutlich nachsprechen. Die Lehrerin lobt immer mit „good" oder korrigiert sanft. Manche Gegenstände lassen sich anziehen, streicheln usw. Die Kinder dürfen ihn entsprechend behandeln, um das Gefühl für das Wesen des Dings beim Aussprechen seines englischen Begriffs zu bekommen. Für die anderen Wörter zum Thema, für die es keinen Surprise-

Box-Gegenstand gibt, werden die Flash Cards gezeigt. Nachdem das Wort von allen in der Gruppe richtig ausgesprochen wurde, wird die Flash Card auf den Boden gelegt.

Die Lehrerin wiederholt alle Wörter. Danach werden die Begriffe *chant*-artig von allen ausgesprochen, zuerst in einer bestimmten Reihenfolge, dann umgekehrt.

Später kann man auf die Karten einzeln deuten und mit „What's this?" ihre Begriffe erfragen. Ein Lied passend zum Thema wird nun in der Gruppe gesungen.

Rahmendialog:

Die Schatztruhe in die Mitte holen. What's in the box? Die Kinder sprechen nach: What's in the box? Come and have a feel. I'm going to open the box a bit and I'm going to let Maxi and Celina have a feel. What is it? Zeit lassen.

Now it's your turn Julia and Florian ...You think it's a toy cat. Perhaps you're right. Let's see ...

Die Schatztruhe öffnen und den Gegenstand dem ersten Kind im Kreis reichen. Maxi, say „cat". Good! Now pass it on. Die Kinder geben den Gegenstand weiter. Florian, say „cat". Yes, „cat". Pass it on. Well done! Julia, say „cat". Try it again. „Caaat", that's super!

Ergänzend die Flash Cards zeigen. I know a song about all these animals. Let's all sing together ... Old MacDonald had a farm. Bei jeder Strophe die passende Flash Card dazu zeigen.

5 Themenspiel

Zum Festigen des neuen Wortschatzes wird ein Spiel gespielt.

Besonders geeignet ist das „Vocabulary dash", bei dem Flash Cards überall im Raum ausgelegt werden. Während Musik gespielt wird, gehen die Kinder im Raum herum. Stoppt die Musik, nennt die Lehrerin einen Begriff von den Karten und alle Kinder müssen zur richtigen Karte laufen.

Achtung! Im Voraus müssen sehr deutlich die Disziplinregeln besprochen werden, z. B. nicht stoßen, nicht auf

die Karten stellen. Kinder, die noch nicht verstanden haben, wie die Karten richtig heißen, können nachlaufen, sind immer noch am Spaß beteiligt und lernen vom Abschauen. Kinder, die falsch stehen, werden nicht angesprochen, auch wenn es offensichtlich ist, dass sie mit ihrer Wahl für Aufmerksamkeit sorgen wollen, sondern es werden die, die richtig stehen, gelobt: „That's right Andrea and Martin and Jessica. That's the lion."

Am Schluss werden die Karten eingesammelt durch Aufforderungen wie „Bring me the lion, Julia". Dies dient als Wiederholung und Verständniskontrolle, dabei können auch Kinder beobachtet oder aufgefordert werden, die im Spiel eher Mitläufer waren.

Rahmendialog:
Now I'm going to put these cards around the room. The cow is here. Look! The horse is here. I'm putting the dog over here. And this is the cat. Flash Cards im Raum verteilen. Everyone stand up and come to me. When I play the music, you skip around the room like this. When the music stops, I'll say an animal, like „horse" and you all run to the card with the horse on it. Die Bewegungen zeigen. When you get to the card you don't stand on it, you don't push. Mit Mimik zeigen. Is that clear? Good.

Spielen. „Dog!" That's right Florian, Celina and Julia. That's the dog. Yes, Maxi, that's right. Now Florian, hold up the card. Everyone say „dog!". O.K. Off we go again. Musik.

Am Schluss: So, everyone come to me again. Celina, can you bring me the horse? Thank you for the horse, Celina. Maxi, can you bring me the cat? Thank you for the cat, Maxi. Who wants to bring me the cow? Florian, thank you for the cow. Now what animal is left? That's right Julia, it's the dog. Bring me the dog, Julia. Thank you very much.

6 Bewegungslied und Bewegungsspiel

Nun wird ein themenunabhängiges Lied oder Spiel zur Abwechslung angeboten.

Es eignen sich am besten Lieder, die man im Kreis singen und tanzen kann. So kommt die Gruppe wieder zusammen und bringt Ruhe und somit auch Disziplin nach dem letzten Spiel wieder mit. Alle halten einander stehend im Kreis an den Händen. Das Lied kann gern dreimal wiederholt werden.

Dieses Element wird dann von Stunde zu Stunde öfters wiederholt. Solche vertrauten Stundenbausteine schenken den Kindern eine Pause vom Lernen und auch etwas Geborgenheit. So versteht sich von selbst, dass das ausgewählte Spiel oder Lied bei den Kindern unbedingt sehr beliebt sein sollte.

Rahmendialog:
Now, come back into the middle. Come and stand in a circle. Let's hold hands. Beginnen, im Kreis herum zu gehen. Now let's sing "Ring-a-ring-a-roses ..." Nach dem Lied: Do you want to sing that again? Okay. Off we go – Again, again? Okay. One more time. ... That was fun, wasn't it?

7 Wiederholung

Das Lied oder Spiel zum Thema der vorigen Stunde wird wiederholt. So bleibt das Gelernte gut in Erinnerung.

Ideal sind die mehrteiligen Lieder, wie „Old MacDonald", oder Spiele wie „Animal parade", die über mehreren Stunden aufgebaut werden können. Eine Handpuppe, bei mir ist es „Rupert" aus England, der kein Wort Deutsch versteht, kann hier ebenfalls eingesetzt werden, um mit den Kindern die Wörter zu repetieren: „Hey Maxi, what's this ?", „Oh look children! There's a butterfly" usw.

8 Handreim und Lied

Im Kreis sitzend kommen die Kinder wieder zusammen, singen und machen einen Handreim nach.

Dieser wird ca. dreimal wiederholt, auch während mehreren Stunden. Die Handreime sind sehr beliebt, bringen Ruhe und fördern die Konzentration für die Geschichte.

Rahmendialog:
Here's a little rhyme we can do with our hands. Show me your hands everyone. Good. Now copy me.

9 Geschichte

Die Sitzstellung wird geändert, sodass alle Kinder ein Bilderbuch oder Kärtchen gut sehen und auch berühren können.

Anfangs werden keine Geschichten aus einem Buch vorgelesen, sondern einfach „Living Stories" vorgespielt. Dazu werden laminierte und ausgeschnittene Figuren zum passenden Nursery Rhyme bewegt. Die Kinder dürfen die Figuren auch mitbewegen.

Später kommen Bilderbücher zum Einsatz, die man anfassen oder aufklappen kann. Dann werden die Geschichten aus normalen Bilderbüchern vorgelesen, aber das Mitmachen bleibt wichtig und wird weiterhin durch Mimik, Gestik und Nachsagen angeregt, zum Beispiel mit Kopf schütteln und „No, they didn't!" sagen. Die Geschichte wird höchstens zweimal wiederholt. Schön ist es, wenn diese Geschichte später während der Woche wiederholt werden kann. Das Bilderbuch muss unbedingt eine englische Ausgabe sein, denn manche Kinder im Vorschul-

alter könnten die deutsche Schrift erkennen und damit wäre die Authentizität gestört.

Rahmendialog:
Now it's story time. Come and sit down with me and listen to the story. Die Kinder setzen sich hin.

Die Lehrerin nimmt die Humpty Dumpty Bildkarte zeigt sie und singt oder spricht den Reim „Humpty Dumpty".

Shall we sing that again? Who wants to hold Humpty Dumpty? You can hold him, Celina and Florian. Nochmals singen. Who wants to hold him now?

10

Abschied

Die Kinder sitzen wieder am Boden im Kreis und das Lied „Goodbye" wird für jedes Kind persönlich gesungen.

Es ist sehr wichtig, dass die Kinder nach der Geschichte nicht gleich aufstehen und gehen, sondern am Abschiedsritual teilnehmen. Erst wenn alle Kinder sich verabschiedet haben, dürfen sie gehen.

Ganz schön ist es, wenn die Stunde mit einem „All aboard" (come and join the playground / lunchtime train) beendet wird, wobei alle Kinder abgeholt werden können.

Eine Variante: Die ersten zwei Kinder, die verabschiedet werden, machen ein Tor vor der Tür, durch welches die restlichen Kinder der Reihe nach den Raum verlassen.

Rahmendialog:
Okay. Now it's time to say goodbye. Come and sit in the circle again. Let's start with Maxi. Everyone wave goodbye to Maxi. Winken und das Abschiedslied singen. Goodbye everyone. See you next week.

Während der Woche zu üben

Gleich nach der Stunde können die Ausmalblätter eingesetzt werden. Es empfiehlt sich, die Kinder kontinuierlich darauf anzusprechen und sie zu fragen, was sie gerade anmalen. „What's that? What colour is that?" Die bearbeiteten Blätter können in einer Englischmappe aufbewahrt werden. Die Flash Cards der Zielwörter können in der Gruppe für die restlichen Tage der Woche aufgehängt werden, sodass Kinder und Erzieherinnen immer wieder darauf deuten können und das Wort aussprechen. Auch das Themenlied oder andere bereits bekannte Lieder oder Handreime aus der Stunde können gespielt werden. Als Hintergrundmusik kann man ab und zu die CD einsetzen. Zielwörter aus anderen früheren Stunden können auch im Alltag benutzt werden, um Kindergartengegenstände auf Englisch zu benennen. Die Farben und Zahlen eignen sich sehr gut dazu.

Obwohl die Grundregel 'Eine Person – eine Sprache' am wirksamsten ist, wenn sie konsequent eingehalten wird und die Little Ones Stunden ausschließlich in englischer Sprache gehalten werden sollten, wird es keine Verwirrung geben, wenn die Erzieherinnen auch in die „deutsche Alltagsumgebung" immer wieder englische Wörter einbringen. So wird die Botschaft übermittelt, dass sich die Kinder English zu reden trauen, weil ihre Bezugspersonen es vormachen. Das Lied „All aboard" passt für verschiedene Gelegenheiten: man kann es auf dem Weg in den Garten oder Turnsaal, zum Anfangen oder Abschließen einer Einheit einsetzen.

Der Tischspruch „Clap your hands and stamp your feet. Here come something good to eat." kann vor den Mahlzeiten immer wieder geübt werden.

Elternarbeit

Es gibt für jedes Semester ein Mitmachheft für zu Hause mit Bildern, Grundwörtern mit Aussprache und ausgewählten Liedtexten. Damit können Eltern und Kinder zu Hause weiter üben und zusammen Spaß haben. Wenn die Eltern für daheim zudem die Lieder-CD anschaffen, können sie aller Lieder und Verse auch mit musikalischer Unterstützung üben.

Eltern sollen unbedingt dazu motiviert werden, mit ihren Kindern zusammen die Lieder und Verse „druckfrei" zu singen. Selbst wenn sie nicht so viel Fremdsprachenkenntnisse haben, werden sie froh darum sein, zu erfahren, wie intuitiv sie da einfach mitmachen können. Es geht ja schliesslich nicht um Fachwissen.

Das Elternfest

Wenn eine Aufführung für die Eltern geplant wird, könnte ein Bewegungslied geübt werden. Hier eignen sich besonders die Stammlieder des Semesters als Aufführungsstück, das mit allen Kindern vorgesungen werden kann. Für Vorschulkinder kann man auch anspruchsvollere Lieder zum Jahresthema wählen oder kleine, nachgespielte Geschichten aufführen (siehe Seite 137).

Ganz lustig sind „The enormous turnip" oder „Goldilocks and the three bears".

Übrigens, die Proben für Aufführungen sind eine Art, englische Sätze schmerzlos hundertmal wiederholen zu lassen und ganz fest auf den kleinen Festplatten einzubrennen. Manchmal, wenn ich ehemalige Schüler treffe, sprechen sie mir ganz spontan und fehlerfrei ihre Texte aus einer längst vergangenen Aufführung (z. B. „Come on wife. Come and help me!") stolz ins Gesicht.

KAPITEL 3

UNTERRICHTSEINHEITEN / LESSON PLANS

Dieses Kapitel enthält Pläne für jede Unterrichtseinheit. Pro Halbjahr sind 10 Einheiten vorgesehen. Damit bleibt genügend Zeit, am Anfang und am Ende des Kindergartensemesters oder zwischendrin besonderen Ereignissen genügend Raum zu geben (Ausflüge, Aufführungen, Erntedank, Halloween, Weihnachten, Ostern, Geburtstage etc.).

Die Erfahrung zeigt, dass die Little Ones Stunden am besten mitten im Halbjahr als Block eingeplant werden. Es wird in 10 aufeinanderfolgenden Wochen einmal wöchentlich eine Englischstunde durchgeführt. Manche Erzieherinnen verteilen eine Unterrichtseinheit auf zwei Wochen und dehnen den Englischblock somit auf 20 Wochen aus. Auch diese Vorgehensweise ist möglich und hängt bestimmt zusammen mit der Länge des Halbjahres (welche Feiertage darin liegen), der Klasse und der Leistungsfähigkeit der Kinder oder weiteren regionalen Gegebenheiten.

Alle Einheiten sind bereits in vielen Kindergärten erprobt worden und mit den restlichen Materialien (Flash Cards, Living Stories, Colouringsheets und Mitmachhefte für zu Hause) abgestimmt.

Selbstverständlich verstehen sich die Unterrichtseinheiten als Vorschläge und können nach Belieben abgeändert oder den individuellen Bedürfnissen angepasst werden.

Details zu den einzelnen Inhalten können den Kapiteln 4 bis 6 (Lieder, Spiele und Geschichten) entnommen werden. Bei jeder Unterrichtseinheit sind die entsprechenden Seitenzahlen direkt angegeben und erleichtern somit den direkten und unkomplizierten Einsatz der Tabellen. Jede Flash Card und alle Ausmalblätter tragen eine Nummer, die sie ebenfalls jederzeit zur entsprechenden Unterrichtseinheit zuordnen läßt.

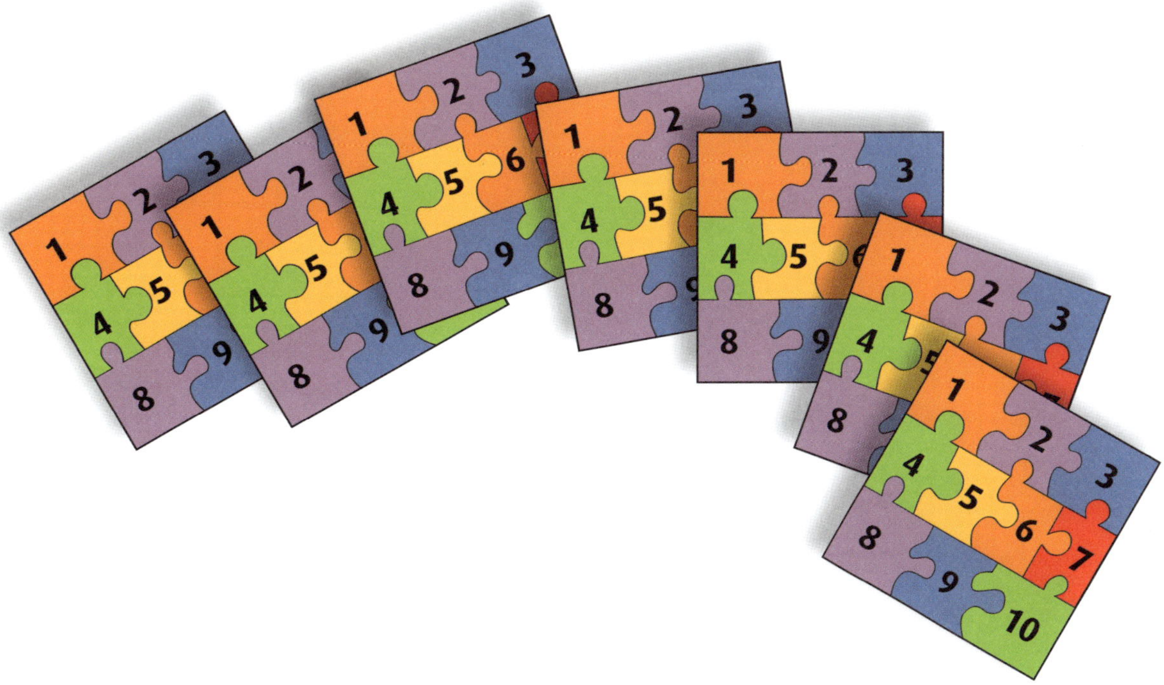

Unterrichtseinheit S1 01

Dauer: ca. 30 Minuten

Was brauche ich ?

Material:
- Surprise Box mit Kuscheltier (Katze)
- Spiegel, Gitarre

Flash Cards: cat, dog, horse, cow

Geschichte: Humpty Dumpty

1	Begrüßung	**Hallo Maxi, how are you today?**	Seite 70
2	Chant	**1, 2, 3 clap with me**	Seite 93
3	Stammlied	**Wheels on the bus** Strophen: wheels, babies, horns	Seite 70
4	Surprise Box Themenlied	**Flash Cards, Wörtertraining** **Old MacDonald**	Seite 134 Seite 90
5	Themenspiel	**Vocabulary dash**	Seite 131
6	Bewegungslied/ Bewegungsspiel	**Ring-a-ring-a-roses**	Seite 79
7	Wiederholung	–	
8	Handreim/ Lied	–	
9	Geschichte	**Humpty Dumpty** (Living Story)	Seite 87 und 137
10	Abschied	**Goodbye Maxi, goodbye Julia**	Seite 71

Unterrichtseinheit S1 02

Dauer: ca. 30 Minuten

Was brauche ich ?

Material:
- Surprise Box mit Kuscheltier (Schaf)
- Spiegel, Gitarre

Flash Cards: sheep, pig, duck, hen und weitere Karten aus „Bauernhoftiere" 1 bis 3

Geschichte: Baa baa black sheep

1	Begrüßung	**Hallo Maxi, how are you today?**	Seite 70
2	Chant	**1, 2, 3 clap with me**	Seite 93
3	Stammlied	**Wheels on the bus** Neue Strophe: wipers	Seite 70
4	Surprise Box Themenlied	**Flash Cards, Wörtertraining** **Old MacDonald**	Seite 134 Seite 90
5	Themenspiel	**Vocabulary dash**	Seite 131
6	Bewegungslied/ Bewegungsspiel	**Ring-a-ring-a-roses**	Seite 79
7	Wiederholung	–	
8	Handreim/ Lied	–	
9	Geschichte	**Baa baa black sheep** (Living Story)	Seite 85 und 137
10	Abschied	**Goodbye Maxi, goodbye Julia**	Seite 71

Unterrichtseinheit S1 03

Dauer: ca. 35 Minuten

Was brauche ich ?

Material:
- Surprise Box mit Kuscheltier (rabbit)
- Spiegel, Gitarre

Flash Cards: mouse, rabbit und weitere Karten aus „Bauernhoftiere" 1 und 2

Geschichte: Jack and Jill

1	Begrüßung	**Hallo Maxi, how are you today?**	Seite 70
2	Chant	**1, 2, 3 clap with me**	Seite 93
3	Stammlied	**Wheels on the bus** Neue Strophe: drivers	Seite 70
4	Surprise Box Themenlied	**Flash Cards, Wörtertraining** **Old MacDonald**	Seite 134 Seite 90
5	Themenspiel	**Vocabulary dash**	Seite 131
6	Bewegungslied/ Bewegungsspiel	**See the bunnies sleeping**	Seite 80
7	Wiederholung	–	
8	Handreim/ Lied	**Two little dickie birds**	Seite 104
9	Geschichte	**Jack and Jill** (Living Story)	Seite 89 und 138
10	Abschied	**Goodbye Maxi, goodbye Julia**	Seite 71

Unterrichtseinheit S1 04

Dauer: ca. 35 Minuten

Was brauche ich ?

Material:
- Surprise Box mit Duplo Bausteinen (rot, gelb, grün, blau)
- Spiegel, Gitarre

Flash Cards: red, yellow, green, blue

Geschichte: Spot goes to the farm

1	Begrüßung	**Hallo Maxi, how are you today?**	Seite 70
2	Chant	**1, 2, 3 clap with me**	Seite 93
3	Stammlied	**Wheels on the bus** Neue Strophe: Mummies	Seite 70
4	Surprise Box Themenlied	**Flash Cards, Wörtertraining** **Colour Song**	Seite 134 Seite 85
5	Themenspiel	**Vocabulary dash**	Seite 131
6	Bewegungslied/ Bewegungsspiel	**See the bunnies sleeping** **Row, row, row your boat**	Seite 80 Seite 80
7	Wiederholung	**Old MacDonald**	Seite 90
8	Handreim/ Lied	**Two little dickie birds**	Seite 104
9	Geschichte	**Spot goes to the farm** (Bilderbuch von Eric Hill)	Seite 138
10	Abschied	**Goodbye Maxi, goodbye Julia**	Seite 71

Unterrichtseinheit S1 05

Dauer: ca. 40 Minuten

Was brauche ich ?

Material:
- Surprise Box mit Buntstiften (alle Farben)
- Spiegel, Handpuppe, Gitarre, Papier

Flash Cards: purple, orange, pink, brown und weitere Karten aus „Farben" 1 und 2

Geschichte: Three little pigs

1	Begrüßung	**Hallo Maxi, how are you today?**	Seite 70
2	Chant	**Sing a song**	Seite 94
3	Stammlied	**Wheels on the bus** Neue Strophe: Daddies	Seite 70
4	Surprise Box Themenlied	**Flash Cards, Wörtertraining** **Colour song**	Seite 134 Seite 85
5	Themenspiel	**Drawing with the pencils** (Die Kinder mit den Buntstiften malen lassen und kommentieren: That's a nice yellow sun, ... blue sky, ... green tree, ... red flower etc.)	
6	Bewegungslied/ Bewegungsspiel	**Teddy bear** **Row, row, row your boat**	Seite 81 Seite 80
7	Wiederholung	**See the bunnies sleeping**	Seite 80
8	Handreim/ Lied	**Round and round the garden**	Seite 101
9	Geschichte	**Three little pigs** (Bilderbuch von Emma Dodd)	Seite 138
10	Abschied	**Goodbye Maxi, goodbye Julia**	Seite 71

Unterrichtseinheit S1 06

Dauer: ca. 40 Minuten

Was brauche ich ?

Material:
- Surprise Box mit Kuscheltier (Dalmatiner, Pandabär)
- Spiegel, Handpuppe, Gitarre

Flash Cards: black, white

Geschichte: Spot goes to the farm

1	Begrüßung	**Hallo Maxi, how are you today?**	Seite 70
2	Chant	**Sing a song**	Seite 94
3	Stammlied	**Wheels on the bus** Neue Strophe: lights	Seite 70
4	Surprise Box Themenlied	**Flash Cards, Wörtertraining** **Colour song**	Seite 134 Seite 85
5	Themenspiel	**I spy with my little eye**	Seite 122
6	Bewegungslied/ Bewegungsspiel	**Teddy bear** **The grand old Duke of York**	Seite 81 Seite 83
7	Wiederholung	**Vocabulary dash – colours**	Seite 131
8	Handreim/ Lied	**Round and round the garden**	Seite 101
9	Geschichte	**Spot goes to the farm** (Bilderbuch von Eric Hill)	Seite 138
10	Abschied	**Goodbye Maxi, goodbye Julia**	Seite 71

Unterrichtseinheit S1 07

Dauer: ca. 40 Minuten

Was brauche ich ?

Material:
- Surprise Box mit Spielzeugschlange
- Spiegel, Handpuppe, Gitarre

Flash Cards: tiger, elephant, snake, monkey

Geschichte: Three little pigs

1	Begrüßung	**Hallo Maxi, how are you today?**	Seite 70
2	Chant	**Sing a song**	Seite 94
3	Stammlied	**Wheels on the bus** Neue Strophe: doors	Seite 70
4	Surprise Box Themenlied	**Flash Cards, Wörtertraining** **The animals came marching in**	Seite 134 Seite 92
5	Themenspiel	**Animal parade**	Seite 106
6	Bewegungslied/ Bewegungsspiel	**Ring-a-ring-a-roses** **The grand old Duke of York**	Seite 79 Seite 83
7	Wiederholung	**I spy with my little eye**	Seite 122
8	Handreim/ Lied	**Horsey, horsey don't you stop** **Round and round the garden**	Seite 99 Seite 101
9	Geschichte	**Three little pigs** (Bilderbuch von Emma Dodd)	Seite 138
10	Abschied	**Goodbye Maxi, goodbye Julia**	Seite 71

Unterrichtseinheit S1 08

Dauer: ca. 40 Minuten

Was brauche ich ?

Material:
- Surprise Box mit Handpuppe oder Kuscheltier (Krokodil)
- Spiegel, Handpuppe, Gitarre, Tafel, Kreide, Augenbinde

Flash Cards: lion, hippo, crododile, giraffe

Geschichte: Dear zoo

1	Begrüßung	**Hallo Maxi, how are you today?**	Seite 70
2	Chant	**Give me five**	Seite 93
3	Stammlied	**Wheels on the bus** Neue Strophe: windows	Seite 70
4	Surprise Box Themenlied	**Flash Cards, Wörtertraining** **The animals came marching in**	Seite 134 Seite 92
5	Themenspiel	**Donkey´s tail** (mit Löwe statt Esel)	Seite 114
6	Bewegungslied/ Bewegungsspiel	**See the bunnies sleeping** **Row, row, row your boat**	Seite 80 Seite 80
7	Wiederholung	**Animal parade**	Seite 106
8	Handreim/ Lied	**Two little dickie birds** **Horsey, horsey don´t you stop**	Seite 104 Seite 99
9	Geschichte	**Dear zoo** (Bilderbuch von Rod Campell)	Seite 138
10	Abschied	**Goodbye Maxi, goodbye Julia**	Seite 71

Unterrichtseinheit S1 09

Dauer: ca. 40 Minuten

Was brauche ich ?

Material:
- Surprise Box mit Teddybär
- Spiegel, Handpuppe, Gitarre

Flash Cards: bear, rhino und weitere Karten aus „Wilde Tiere“ 1 bis 3

Geschichte: Dear zoo

1	Begrüßung	**Hallo Maxi, how are you today?**	Seite 70
2	Chant	**Give me five**	Seite 93
3	Stammlied	**Wheels on the bus** Neue strophe: money	Seite 70
4	Surprise Box Themenlied	**Flash Cards, Wörtertraining** **The animals came marching in**	Seite 134 Seite 92
5	Themenspiel	**Vocabulary dash**	Seite 131
6	Bewegungslied/ Bewegungsspiel	**Teddy bear** **Row, row, row your boat**	Seite 81 Seite 80
7	Wiederholung	**Animal parade**	Seite 106
8	Handreim/ Lied	**Hickory dickory dock** **Round and round the garden**	Seite 98 Seite 101
9	Geschichte	**Dear zoo** (Bilderbuch von Rod Campell)	Seite 138
10	Abschied	**Goodbye Maxi, goodbye Julia**	Seite 71

Unterrichtseinheit S1 10

Dauer: ca. 40 Minuten

Was brauche ich ?

Material:
- Surprise Box mit großem Würfel
- Spiegel, Handpuppe, Gitarre, Smarties

Flash Cards: all from S1

Geschichte: Little tiger

1	Begrüßung	**Hallo Maxi, how are you today?**	Seite 70
2	Chant	**Give me five**	Seite 93
3	Stammlied	**Wheels on the bus** Keine neue Strophe	Seite 70
4	Surprise Box Themenlied	**Roll dice** (Würfeln + die Zahlen nennen lassen) **Wörtertraining numbers** **Ten green bottles** (Living story)	– Seite 134 Seite 91
5	Themenspiel	**Smarties**	Seite 127
6	Bewegungslied/ Bewegungsspiel	**Ring-a-ring-a-roses** **The grand old Duke of York**	Seite 79 Seite 83
7	Wiederholung	**Quiz – all words from term S1** (Spielerisch die Wörter abfragen, eventuell Gruppen bilden und Punkte vergeben.)	–
8	Handreim/ Lied	**Hickory dickory dock** **Round and round the garden**	Seite 98 Seite 101
9	Geschichte	**Little tiger** (Bilderbücher von Julie Sykes und Tim Warnes)	Seite 138
10	Abschied	**Goodbye Maxi, goodbye Julia**	Seite 71

Unterrichtseinheit S2 11

Dauer: ca. 40 Minuten

Was brauche ich ?

Material:
- Surprise Box mit 3 Dingen aus dem letzten Halbjahr
- Handpuppe, Gitarre

Flash Cards: all from S1

Geschichte: Do you want to be my friend?

1	Begrüßung	**Let´s sing Hallo to Maxi**	Seite 71
2	Chant	**Rocket launch**	Seite 94
3	Stammlied	**What does Maxi do?** Strophe: wave (winken)	Seite 72
4	Surprise Box Themenlied	**Flash Cards, Wörtertraining** **Old MacDonald** (big cows, little cows)	Seite 134 Seite 90
5	Themenspiel	**Vocabulary dash**	Seite 131
6	Bewegungslied/ Bewegungsspiel	**Ring-a-ring-a-roses** **Row, row, row your boat**	Seite 79 Seite 80
7	Wiederholung	**Colour song**	Seite 85
8	Handreim/ Lied	**Round and round the garden** **Hickory dickory dock**	Seite 101 Seite 98
9	Geschichte	**Do you want to be my friend?** (Bilderbuch von Eric Carle)	Seite 138
10	Abschied	**Let´s wave Goodbye to Maxi**	Seite 72

Unterrichtseinheit S2 12

Dauer: ca. 40 Minuten

Was brauche ich ?

Material:
- Surprise Box mit Spielzeugskelett
- Handpuppe, Bild von Sue und Stift, Gitarre, Tamburin

Flash Cards: head, shoulder, knee, toes und weitere Karten aus „Bauernhoftiere“ 1 bis 3

Geschichte: Dirty Sue (aus dem Buch: „Cool stories“)

1	Begrüßung	**Let´s sing Hallo to Maxi**	Seite 71
2	Chant	**Rocket launch**	Seite 94
3	Stammlied	**What does Maxi do?** Neue Strophe: clap (klatschen)	Seite 72
4	Surprise Box Themenlied	**Flash Cards, Wörtertraining** **Head and shoulders**	Seite 134 Seite 76
5	Themenspiel	**Fire, water, wind** (auf angesprochene Körperteile zeigen)	Seite 117
6	Bewegungslied/ Bewegungsspiel	**If you´re happy and you know it** **The grand old Duke of York**	Seite 78 Seite 83
7	Wiederholung	**Old MacDonald** (big cows, little cows)	Seite 90
8	Handreim/ Lied	**Round and round the garden** **Hickory dickory dock**	Seite 101 Seite 98
9	Geschichte	**Dirty Sue** (Bilderbuch von Verena Chavanne)	Seite 138
10	Abschied	**Let´s wave Goodbye to Maxi**	Seite 72

Unterrichtseinheit S2 13

Dauer: ca. 40 Minuten

Was brauche ich ?

Material:
- Surprise Box mit Clownnase
- Gitarre, Tamburin

Flash Cards: eyes, ear, mouth, nose und weitere Karten aus „Körper" 1 bis 3

Geschichte: Little red riding hood

1	Begrüßung	**Let's sing Hallo to Maxi**	Seite 71
2	Chant	**Rocket launch**	Seite 94
3	Stammlied	**What does Maxi do?** Neue Strophe: stamp (mit dem Fuß stampfen)	Seite 72
4	Surprise Box Themenlied	**Flash Cards, Wörtertraining** **Head and shoulders**	Seite 134 Seite 76
5	Themenspiel	**Fire, water, wind** (auf angesprochene Körperteile zeigen)	Seite 117
6	Bewegungslied/ Bewegungsspiel	**If you're happy and you know it** **Crossing the river**	Seite 78 Seite 113
7	Wiederholung	**I spy with my little eyes**	Seite 122
8	Handreim/ Lied	**Oh where, oh where have my fingers gone?** **Dingle, dangle scarecrow**	Seite 100 Seite 95
9	Geschichte	**Little red riding hood** (Bilderbuch von Emma Dodd)	Seite 138
10	Abschied	**Let's wave Goodbye to Maxi**	Seite 72

Unterrichtseinheit S2 14

Dauer: ca. 40 Minuten

Was brauche ich ?

Material:
- Surprise Box mit Puppe
- Gitarre, Tamburin

Flash Cards: tummy, leg, fingers, thumb und weitere Karten aus „Körper" 1 bis 3

Geschichte: Little red hen

1	Begrüßung	**Let´s sing Hallo to Maxi**	Seite 71
2	Chant	**Rocket launch**	Seite 94
3	Stammlied	**What does Maxi do?** Neue Strophe: yes	Seite 72
4	Surprise Box Themenlied	**Flash Cards, Wörtertraining** **Head and shoulders**	Seite 134 Seite 76
5	Themenspiel	**Fire, water, wind** (auf angesprochene Körperteile zeigen)	Seite 117
6	Bewegungslied/ Bewegungsspiel	**Ten green bottles** (Kinder spielen die Flaschen; auch als Living Story vorhanden) **Crossing the river**	Seite 91 Seite 113
7	Wiederholung	**Old MacDonald** (big cows, little cows)	Seite 90
8	Handreim/ Lied	**Oh where, oh where have my fingers gone?** **Dingle, dangle scarecrow**	Seite 100 Seite 95
9	Geschichte	**Little red hen** (Bilderbuch von Emma Dodd)	Seite 138
10	Abschied	**Let´s wave Goodbye to Maxi**	Seite 72

Unterrichtseinheit S2 15

Dauer: ca. 40 Minuten

Was brauche ich ?

Material:
- Surprise Box mit Schal, Hut und Handschuhen
- Gitarre

Flash Cards: hat, jacket, scarf, gloves

Geschichte: Do you want to be my friend?

1	Begrüßung	**Let´s sing Hallo to Maxi**	Seite 71
2	Chant	**Rocket launch**	Seite 94
3	Stammlied	**What does Maxi do?** Neue Strophe: no, no, no	Seite 72
4	Surprise Box Themenlied	**Flash Cards, Wörtertraining** **First I put my hat on**	Seite 134 Seite 86
5	Themenspiel	**Dressing up**	Seite 115
6	Bewegungslied/ Bewegungsspiel	**I´m a little teapot** **Waterman**	Seite 78 Seite 133
7	Wiederholung	**Head and shoulders**	Seite 76
8	Handreim/ Lied	**Oh where, oh where have my fingers gone?** **Dingle, dangle scarecrow**	Seite 100 Seite 95
9	Geschichte	**Do you want to be my friend?** (Bilderbuch von Eric Carle)	Seite 138
10	Abschied	**Let´s wave Goodbye to Maxi**	Seite 72

Unterrichtseinheit S2 16

Dauer: ca. 40 Minuten

Was brauche ich ?

Material:
- Surprise Box mit Puppenkleidern
- Handpuppe, Gitarre, Kleider zum Anziehen

Flash Cards: T-shirt, trousers, jumper, skirt, shoes and socks

Geschichte: Jack and the beanstalk

1	Begrüßung	**Let´s sing Hallo to Maxi**	Seite 71
2	Chant	**How are you?**	Seite 93
3	Stammlied	**What does Maxi do?** Neue Strophe: scratch (kratzen)	Seite 72
4	Surprise Box Themenlied	**Flash Cards, Wörtertraining** **First I put my hat on**	Seite 134 Seite 86
5	Themenspiel	**Vocabulary dash**	Seite 131
6	Bewegungslied/ Bewegungsspiel	**Hokey pokey** **Waterman**	Seite 77 Seite 133
7	Wiederholung	**Dressing up**	Seite 115
8	Handreim/ Lied	**1-2-3-4-5**	Seite 95
9	Geschichte	**Jack and the beanstalk** (Bilderbuch von Emma Dodd)	Seite 138
10	Abschied	**Let´s wave Goodbye to Maxi**	Seite 72

Unterrichtseinheit S2 17

Dauer: ca. 40 Minuten

Was brauche ich ?

Material:
- Surprise Box mit Babypuppe
- Gitarre, Tamburin

Flash Cards: Mummy, Daddy, child, Grandma, Grandpa, baby

Geschichte: Owl babies

1	Begrüßung	**Let´s sing Hallo to Maxi**	Seite 71
2	Chant	**How are you?**	Seite 93
3	Stammlied	**What does Maxi do?** Neue Strophe: blink (zwinkern)	Seite 72
4	Surprise Box Themenlied	**Flash Cards, Wörtertraining** **Wheels on the bus** (Mummies, Daddies, babies)	Seite 134 Seite 70
5	Themenspiel	**The farmer wants a wife**	Seite 83
6	Bewegungslied/ Bewegungsspiel	**Hokey pokey** **Crossing the river**	Seite 77 Seite 113
7	Wiederholung	**I spy with my little eye** (colours and clothes)	Seite 122
8	Handreim/ Lied	**1-2-3-4-5** **This little piggy**	Seite 95 Seite 103
9	Geschichte	**Owl babies** (Bilderbuch von Martin Waddel und Patrick Benson)	Seite 138
10	Abschied	**Let´s wave Goodbye to Maxi**	Seite 72

Unterrichtseinheit S2 18

Dauer: ca. 40 Minuten

Was brauche ich ?

Material:
- Surprise Box mit Sonnenbrille
- Handpuppe, Gitarre, Topf, Kochlöffel, Süßigkeiten, Augenbinde

Flash Cards: sun, rain, umbrella, sunglasses und weitere Karten aus „Familie"

Geschichte: Little red riding hood

1	Begrüßung	**Let´s sing Hallo to Maxi**	Seite 71
2	Chant	**How are you?**	Seite 93
3	Stammlied	**What does Maxi do?** Neue Strophe: tickle (kitzeln)	Seite 72
4	Surprise Box Themenlied	**Flash Cards, Wörtertraining** **Incey wincey spider**	Seite 134 Seite 100
5	Themenspiel	**In my little wheater house**	Seite 121
6	Bewegungslied/ Bewegungsspiel	**The farmer wants a wife** **Hunt the saucepan** (Topf klopfen)	Seite 83 Seite 120
7	Wiederholung	**Vocabulary dash – family**	Seite 131
8	Handreim/ Lied	**This little piggy**	Seite 103
9	Geschichte	**Little red riding hood** (Bilderbuch von Emma Dodd)	Seite 138
10	Abschied	**Let´s wave Goodbye to Maxi**	Seite 72

Unterrichtseinheit S2 19

Dauer: ca. 40 Minuten

Was brauche ich ?

Material:
- Surprise Box mit Kunstblume
- Gitarre, Handpuppe, Topf, Kochlöffel, Süßigkeiten, Augenbinde

Flash Cards: tree, bird, flower, leaf und weitere Karten aus „Natur" 1 und 2

Geschichte: Guess how much I love you

1	Begrüßung	**Let's sing Hallo to Maxi**	Seite 71
2	Chant	**How are you?**	Seite 93
3	Stammlied	**What does Maxi do?** Neue Strophe: eat (essen)	Seite 72
4	Surprise Box Themenlied	**Flash Cards, Wörtertraining** **Two little dickie birds**	Seite 134 Seite 104
5	Themenspiel	**Little bee, come to me**	Seite 124
6	Bewegungslied/ Bewegungsspiel	**The farmer wants a wife** **Hunt the saucepan** (Topf klopfen)	Seite 83 Seite 120
7	Wiederholung	**In my little weather house**	Seite 121
8	Handreim/ Lied	**Incey wincey spider**	Seite 100
9	Geschichte	**Guess how much I love you** (Bilderbuch von Sam McBratney und Anita Jeram)	Seite 138
10	Abschied	**Let's wave Goodbye to Maxi**	Seite 72

Unterrichtseinheit S2 20

Dauer: ca. 45 Minuten

Was brauche ich ?

Material:
- Surprise Box mit Kuscheltier (Marienkäfer)
- Handpuppe, Gitarre, Triangel, Tamburin

Flash Cards: bee, ladybird, butterfly, caterpillar, und weitere Karten aus „Natur" 1 und 2

Geschichte: The very hungry caterpillar

1	Begrüßung	**Let´s sing Hallo to Maxi**	Seite 71
2	Chant	**How are you?**	Seite 93
3	Stammlied	**What does Maxi do?** Neue Strophe: drink (trinken)	Seite 72
4	Surprise Box Themenlied	**Flash Cards, Wörtertraining** **I´m a worm**	Seite 134 Seite 88
5	Themenspiel	**Caterpillar**	Seite 109
6	Bewegungslied/ Bewegungsspiel	**Ten green bottles** **Waterman**	Seite 91 Seite 133
7	Wiederholung	**Little bee, come to me**	Seite 124
8	Handreim/ Lied	**This little piggy**	Seite 103
9	Geschichte	**The very hungry caterpillar** (Bilderbuch von Eric Carle)	Seite 138
10	Abschied	**Let´s wave Goodbye to Maxi**	Seite 72

Unterrichtseinheit S3 21

Dauer: ca. 45 Minuten

Was brauche ich ?

Material:
- Surprise Box mit 3 Dingen aus dem letzten Halbjahr
- Gitarre, Tamburin

Flash Cards: all from S1 and S2

Geschichte: Guess how much I love you

1	Begrüßung	**Please and thank you**	Seite 73
2	Chant	**Get dressed**	Seite 93
3	Stammlied	**What does Maxi do?** (Strophen wiederholen)	Seite 72
4	Surprise Box Themenlied	**Copy cat with Flash Cards** **First I put my hat on**	Seite 111 Seite 86
5	Themenspiel	**Simon says**	Seite 126
6	Bewegungslied/ Bewegungsspiel	**The farmer wants a wife** **Crossing the river**	Seite 83 Seite 113
7	Wiederholung	**Caterpillar, In my little weather house** **oder Little bee, come to me**	Seite 109, 121 bzw. 124
8	Handreim/ Lied	**Here is the church** **Wind the bobbin up**	Seite 97 Seite 104
9	Geschichte	**Guess how much I love you** (Bilderbuch von Sam McBratney und Anita Jeram)	Seite 138
10	Abschied	**Let´s wave Goodbye to Maxi**	Seite 72

Unterrichtseinheit S3 22

Dauer: ca. 45 Minuten

Was brauche ich ?

Material:
- Surprise Box mit Apfel
- Gitarre, Obst zum Erraten, Augenbinde

Flash Cards: apple, orange, pear, plum

Geschichte: The very hungry caterpillar

1	Begrüßung	**Please and thank you**	Seite 73
2	Chant	**Get dressed**	Seite 93
3	Stammlied	**What does a bee do?** Neue Strophe: bee – buzz	Seite 72
4	Surprise Box Themenlied	**Flash Cards, Wörtertraining** **I like apples**	Seite 134 Seite 87
5	Themenspiel	**Taste and smell guessing**	Seite 129
6	Bewegungslied/ Bewegungsspiel	**Come anlong, make a ring** **Crossing the river**	Seite 75 Seite 113
7	Wiederholung	**First I put my hat on**	Seite 86
8	Handreim/ Lied	**Here is the church** **Wind the bobbin up**	Seite 97 Seite 104
9	Geschichte	**The very hungry caterpillar** (Bilderbuch von Eric Carle)	Seite 138
10	Abschied	**Goodbye Maxi** (Bruder Jakob)	Seite 73

Unterrichtseinheit S3 23

Dauer: ca. 45 Minuten

Was brauche ich?

Material:
- Surprise Box mit Süßigkeiten
- Gitarre, Tamburin

Flash Cards: sausage, ice cream, cake, sweets und weitere Karten aus „Essen" 1

Geschichte: Jack and the beanstalk

1	Begrüßung	**Please and thank you**	Seite 73
2	Chant	**Get dressed**	Seite 93
3	Stammlied	**What does a bee do?** Neue Strophe: lion – roar	Seite 72
4	Surprise Box Themenlied	**Flash Cards, Wörtertraining** **Ten fat sausages** (Living story)	Seite 134 Seite 102
5	Themenspiel	**Spoon grabbing** (mit Süßigkeiten statt Löffeln) Wörter aus S3 22 und 23	Seite 127
6	Bewegungslied/ Bewegungsspiel	**Come along, make a ring** **Fire, water, wind**	Seite 75 Seite 117
7	Wiederholung	**I like apples**	Seite 87
8	Handreim/ Lied	**Dingle dangle scarecrow** **Wind the bobbin up**	Seite 95 Seite 104
9	Geschichte	**Jack and the beanstalk** (Bilderbuch von Emma Dodd)	Seite 138
10	Abschied	**Goodbye Maxi** (Bruder Jakob)	Seite 73

Unterrichtseinheit S3 24

Dauer: ca. 45 Minuten

Was brauche ich ?

Material:
- Surprise Box mit Teekanne
- Gitarre, Puppengeschirr

Flash Cards: milk, juice, tea, coffee und weitere Karten aus „Essen" 1 bis 3

Geschichte: The tiger who came to tea

1	Begrüßung	**Please and thank you**	Seite 73
2	Chant	**Get dressed**	Seite 93
3	Stammlied	**What does a bee do?** Neue Strophe: crocodile – snap	Seite 72
4	Surprise Box Themenlied	**Flash Cards, Wörtertraining** **Oh Daddy, what's for breakfast?**	Seite 134 Seite 89
5	Themenspiel	**Tea party – acting**	Seite 130
6	Bewegungslied/ Bewegungsspiel	**I'm a little tea pot** **I like coffee, I like tea**	Seite 78 Seite 120
7	Wiederholung	**Ten fat sausages** (Living story)	Seite 102
8	Handreim/ Lied	**Dingle dangle scarecrow** **Wind the bobbin up**	Seite 95 Seite 104
9	Geschichte	**The tiger who came to tea** (Bilderbuch von Judith Kerr)	Seite 138
10	Abschied	**Goodbye Maxi** (Bruder Jakob)	Seite 73

Unterrichtseinheit S3 25

Dauer: ca. 45 Minuten

Was brauche ich ?

Material:
- Surprise Box mit Schneckenhaus oder Nuss
- Gitarre, Plastiklöffel, Triangel

Flash Cards: worm, snail, mushroom, nut und weitere Karten aus „Essen" 1 bis 3

Geschichte: The worm

1	Begrüßung	**Please and thank you**	Seite 73
2	Chant	**Get dressed**	Seite 93
3	Stammlied	**What does a bee do?** Neue Strophe: bird – tweet	Seite 72
4	Surprise Box Themenlied	**Flash Cards, Wörtertraining** **I´m a worm**	Seite 134 Seite 88
5	Themenspiel	**Vocabulary dash**	Seite 131
6	Bewegungslied/ Bewegungsspiel	**Ten in a bed** **Crossing the river** (like a snail)	Seite 82 Seite 133
7	Wiederholung	**Spoon grabbing**	Seite 127
8	Handreim/ Lied	**Incey wincey spider**	Seite 100
9	Geschichte	**The worm** (Bilderbuch von Verena Chavanne)	Seite 138
10	Abschied	**Goodbye Maxi** (Bruder Jakob)	Seite 73

Unterrichtseinheit S3 26

Dauer: ca. 45 Minuten

Was brauche ich?

Material:
- Surprise Box mit Kuscheltier (Igel)
- Gitarre, Triangel

Flash Cards: squirrel, hedgehog, fox, frog und weitere Karten aus „Natur" 1 und 2

Geschichte: The elves and the shoemaker

1	Begrüßung	**Please and thank you**	Seite 73
2	Chant	**What's your name?**	Seite 94
3	Stammlied	**What does a bee do?** Neue Strophe: worm – wiggle	Seite 72
4	Surprise Box Themenlied	**Flash Cards, Wörtertraining** **Five little speckled frogs** (Living story)	Seite 134 Seite 96
5	Themenspiel	**Vocabulary dash**	Seite 131
6	Bewegungslied/ Bewegungsspiel	**Ten in a bed** **Crossing the river** (like a frog)	Seite 82 Seite 113
7	Wiederholung	**I'm a worm**	Seite 88
8	Handreim/ Lied	**Incey wincey spider** **Twinkle twinkle little star**	Seite 100 Seite 103
9	Geschichte	**The elves and the shoemaker** (Bilderbuch von Emma Dodd)	Seite 138
10	Abschied	**Goodbye Maxi** (Bruder Jakob)	Seite 73

Unterrichtseinheit S3 27

Dauer: ca. 45 Minuten

Was brauche ich ?

Material:
- Surprise Box mit Legohaus
- Gitarre, Bausteine oder Stifte und Papier

Flash Cards: house, roof, windows, door und weitere Karten aus „Natur" 1 und 2

Geschichte: Five little speckled frogs – acting

1	Begrüßung	**Please and thank you**	Seite 73
2	Chant	**What's your name?**	Seite 94
3	Stammlied	**What does a bee do?** Neue Strophe: clock – tick tock	Seite 72
4	Surprise Box Themenlied	**Flash Cards, Wörtertraining** **This is my little house**	Seite 134 Seite 102
5	Themenspiel	**Laying a house**	Seite 124
6	Bewegungslied/ Bewegungsspiel	**Ten in a bed** **Crossing the river**	Seite 82 Seite 113
7	Wiederholung	**Vocabulary dash – nature**	Seite 131
8	Handreim/ Lied	**Twinkle twinkle little star**	Seite 103
9	Geschichte	**Five little speckled frogs – acting** (als kleine Theaterszene spielen)	Seite 96 und 137
10	Abschied	**Goodbye Maxi** (Bruder Jakob)	Seite 73

Unterrichtseinheit S3 28

Dauer: ca. 45 Minuten

Was brauche ich ?

Material:
- Surprise Box mit Puppenhausmöbeln
- Gitarre, Puppenhaus

Flash Cards: table, chair, bed, bath und weitere Karten aus „Natur" 1 und 2

Geschichte: Where's Spot?

1	Begrüßung	**Please and thank you**	Seite 73
2	Chant	**What's your name?**	Seite 94
3	Stammlied	**What does a bee do?** Neue Strophe: bell – ding dong	Seite 72
4	Surprise Box Themenlied	**Flash Cards, Wörtertraining** **This is my little house**	Seite 134 Seite 102
5	Themenspiel	**Dolls house**	Seite 114
6	Bewegungslied/ Bewegungsspiel	**What shall we do with the sleepy sailor?** **Crossing the river**	Seite 84 Seite 113
7	Wiederholung	**Vocabulary dash – nature**	Seite 131
8	Handreim/ Lied	**Five little speckled frogs** **Twinkle twinkle little star**	Seite 96 Seite 103
9	Geschichte	**Where's Spot?** (Bilderbuch von Eric Hill)	Seite 138
10	Abschied	**Goodbye Maxi** (Bruder Jakob)	Seite 73

Unterrichtseinheit S3 29

Dauer: ca. 45 Minuten

Was brauche ich?

Material:
- Surprise Box mit Spielzeugauto oder Spielzeugeisenbahn
- Handpuppe, Gitarre

Flash Cards: car, plane, truck, train

Geschichte: Goldilocks

1	Begrüßung	**Please and thank you**	Seite 73
2	Chant	**What´s your name?**	Seite 94
3	Stammlied	**What does a bee do?** Neue Strophe: scarecrow – dingle dangle	Seite 72
4	Surprise Box Themenlied	**Flash Cards, Wörtertraining** **I´m driving my car**	Seite 134 Seite 88
5	Themenspiel	**Journey to London**	Seite 122
6	Bewegungslied/ Bewegungsspiel	**What shall we do with the sleepy sailor?** **Waterman**	Seite 84 Seite 133
7	Wiederholung	**Vocabulary dash – house**	Seite 131
8	Handreim/ Lied	**Round and round the garden**	Seite 101
9	Geschichte	**Goldilocks** (Bilderbuch von Estelle Corke)	Seite 138
10	Abschied	**Goodbye Maxi** (Bruder Jakob)	Seite 73

Unterrichtseinheit S3 30

Dauer: ca. 45 Minuten

Was brauche ich ?

Material:
- Surprise Box mit Spielzeugboot oder -autobus
- Handpuppe, Gitarre, Tamburin

Flash Cards: bike, tractor, boat, bus und und weitere Karten aus „Transport" 1 und 2

Geschichte: Goldilocks

1	Begrüßung	**Please and thank you**	Seite 73
2	Chant	**What's your name?**	Seite 94
3	Stammlied	**What does a bee do?** Neue Strophe: car – vroom	Seite 72
4	Surprise Box Themenlied	**Flash Cards, Wörtertraining** **I'm driving my car**	Seite 134 Seite 88
5	Themenspiel	**Traffic lights**	Seite 130
6	Bewegungslied/ Bewegungsspiel	**If you're happy and you know it** **Row, row, row your boat**	Seite 78 Seite 80
7	Wiederholung	**Journey to London**	Seite 122
8	Handreim/ Lied	**Round and round the garden**	Seite 101
9	Geschichte	**Goldilocks** (Bilderbuch von Estelle Corke)	Seite 138
10	Abschied	**Goodbye Maxi** (Bruder Jakob)	Seite 73

Unterrichtseinheit S4 31

Dauer: ca. 45 Minuten

Was brauche ich ?

Material:
- Surprise Box mit 3 Dingen des letzten Halbjahrs
- Gitarre, Triangel, Goldilocks Requisiten (3 Löffel, 3 Schalen – klein, mittel, groß, 3 Stühle – klein, weich, hart, 3 Betten – klein, weich, hart)

Flash Cards: all from S3

Geschichte: Goldilocks – acting

1	Begrüßung	**Hallo and what´s your name?**	Seite 73
2	Chant	**Hello! Let´s be friends.**	Seite 93
3	Stammlied	**What does a bee do?** Bekannte Strophen wiederholen	Seite 72
4	Surprise Box Themenlied	**Flash Cards, Wörtertraining** **I´m driving my car**	Seite 134 Seite 88
5	Themenspiel	**Hide and seek**	Seite 119
6	Bewegungslied/ Bewegungsspiel	**Come along, make a ring** **Ten in a bed**	Seite 75 Seite 82
7	Wiederholung	**Copy cat – all words from term S3**	Seite 111
8	Handreim/ Lied	**Hickory dickory dock**	Seite 98
9	Geschichte	**Goldilocks – acting** (Bilderbuch von Estelle Corke; als kleine Theaterszene spielen)	Seite 138
10	Abschied	**Goodbye Maxi** (Bruder Jakob)	Seite 73

Unterrichtseinheit S4 32

Dauer: ca. 45 Minuten

Was brauche ich ?

Material:
- Surprise Box mit Puppe
- Gitarre, Triangel, Ball, Baumeisterhut

Flash Cards: doll, teddybear, ball, picture book und weitere Karten aus „Haus" 1 und 2

Geschichte: The magic toy shop

1	Begrüßung	**Hallo and what´s your name?**	Seite 73
2	Chant	**Hello! Let´s be friends.**	Seite 93
3	Stammlied	**Have you got a job to do?** Strophe: builder	Seite 74
4	Surprise Box Themenlied	**Flash Cards, Wörtertraining** **Miss Polly has a dolly**	Seite 134 Seite 89
5	Themenspiel	**Ball games** (throw, catch, kick)	Seite 107
6	Bewegungslied/ Bewegungsspiel	**Hokey Pokey** **Simon says**	Seite 77 Seite 126
7	Wiederholung	**Traffic lights**	Seite 130
8	Handreim/ Lied	**Hickory dickory dock**	Seite 98
9	Geschichte	**The magic toy shop** (Bilderbuch von Sally Anne Lambert)	Seite 138
10	Abschied	**Goodbye and see you soon**	Seite 74

Unterrichtseinheit S4 33

Dauer: ca. 50 Minuten

Was brauche ich ?

Material:
- Surprise Box mit Brettspiel
- Handpuppe, Gitarre, Hüte für Baumeister und Polizist, Kreide, Stein für Hopscotch Hüpfspiel

Flash Cards: game, paints, swing, slide und und weitere Karten aus „Spielzeug" 1

Geschichte: The gingerbread man

1	Begrüßung	**Hallo and what's your name?**	Seite 73
2	Chant	**Hello! Let's be friends.**	Seite 93
3	Stammlied	**Have you got a job to do?** Neue Strophe: policeman	Seite 74
4	Surprise Box Themenlied	**Flash Cards, Wörtertraining** **Miss Polly had a dolly**	Seite 134 Seite 89
5	Themenspiel	**Hop scotch**	Seite 119
6	Bewegungslied/ Bewegungsspiel	**I'm a little teapot** **Ball games** (throw, catch, kick)	Seite 78 Seite 107
7	Wiederholung	**Vocabulary dash – toys**	Seite 131
8	Handreim/ Lied	**Five little peas**	Seite 96
9	Geschichte	**The gingerbread man** (Bilderbuch von Emma Dodd)	Seite 138
10	Abschied	**Goodbye and see you soon**	Seite 74

Unterrichtseinheit S4 34

Dauer: ca. 50 Minuten

Was brauche ich?

Material:
- Surprise Box mit Karotte
- Gitarre, Ball, Feel Box mit Karotte, Kartoffeln usw., Hüte für Baumeister, Polizist und Bäcker

Flash Cards: carrot, peas, potato, chicken

Geschichte: Guess how much I love you

1	Begrüßung	**Hallo and what's your name?**	Seite 73
2	Chant	**Hello! Let's be friends.**	Seite 93
3	Stammlied	**Have you got a job to do?** Neue Strophe: baker	Seite 74
4	Surprise Box Themenlied	**Flash Cards, Wörtertraining** **Oh Daddy, what's for breakfast?** Strophe: Oh Mummy, what's for lunch?	Seite 134 Seite 89
5	Themenspiel	**Feel guessing**	Seite 116
6	Bewegungslied/ Bewegungsspiel	**Ten green bottles** **Ball games** (throw, catch, kick)	Seite 91 Seite 107
7	Wiederholung	**Vocabulary dash – toys**	Seite 131
8	Handreim/ Lied	**Five little peas**	Seite 96
9	Geschichte	**Guess how much I love you** (Bilderbuch von Sam McBratney und Anita Jeram)	Seite 138
10	Abschied	**Goodbye and see you soon**	Seite 74

Unterrichtseinheit S4 35

Dauer: ca. 50 Minuten

Was brauche ich ?

Material:
- Surprise Box mit (Oster-)Ei oder Brot
- Handpuppe, Gitarre, Lebensmittel zum Erraten, Hüte für Baumeister, Polizist, Bäcker und Bauer

Flash Cards: bread, butter, egg, jam und weitere Karten aus „Essen“ 1 bis 5

Geschichte: Little red hen

1	Begrüßung	**Hallo and what´s your name?**	Seite 73
2	Chant	**Tongue twister:** ■ **I scream**	Seite 94
3	Stammlied	**Have you got a job to do?** Neue Strophe: farmer	Seite 74
4	Surprise Box Themenlied	**Flash Cards, Wörtertraining** **Oh Daddy, what´s for breakfast?**	Seite 134 Seite 89
5	Themenspiel	**Taste and smell guessing**	Seite 129
6	Bewegungslied/ Bewegungsspiel	**My Bonnie lies over the ocean** **Hide and seek**	Seite 79 Seite 119
7	Wiederholung	**Vocabulary dash – food**	Seite 131
8	Handreim/ Lied	**Five little peas**	Seite 96
9	Geschichte	**Little red hen** (Bilderbuch von Emma Dodd)	Seite 138
10	Abschied	**Goodbye and see you soon**	Seite 74

Unterrichtseinheit S4 36

Dauer: ca. 50 Minuten

Was brauche ich ?

Material:
- Surprise Box mit Tasse, Teller und Besteck
- Gitarre, Hüte für Baumeister, Polizist, Bäcker, Bauer und Feuerwehrmann

Flash Cards: cup, plate, knife, fork, spoon und weitere Karten aus „Essen" 1 bis 5

Geschichte: Jack and the beanstalk

1	Begrüßung	**Hallo and what´s your name?**	Seite 73
2	Chant	**Tongue twister:** ■ **I scream** ■ **Red lorry**	Seite 94
3	Stammlied	**Have you got a job to do?** Neue Strophe: fireman	Seite 74
4	Surprise Box Themenlied	**Flash Cards, Wörtertraining** **Oh Daddy, what´s for breakfast?**	Seite 134 Seite 89
5	Themenspiel	**Knife, fork, spoon**	Seite 123
6	Bewegungslied/ Bewegungsspiel	**My Bonnie lies over the ocean** **Hide and seek**	Seite 79 Seite 119
7	Wiederholung	**Vocabulary dash – food**	Seite 131
8	Handreim/ Lied	**Ten fat sausages** **Five little peas**	Seite 102 Seite 96
9	Geschichte	**Jack and the beanstalk** (Bilderbuch von Emma Dodd)	Seite 138
10	Abschied	**Goodbye and see you soon**	Seite 74

Unterrichtseinheit S4 37

Dauer: ca. 50 Minuten

Was brauche ich ?

Material:
- Surprise Box mit Schlüssel, Tasche, Telefon
- Gitarre, Feel Box, Triangel, Stethoskop, Hüte für Baumeister, Polizist, Bäcker, Bauer, Feuerwehrmann

Flash Cards: keys, handbag, money, phone

Geschichte: The enormous turnip

1	Begrüßung	**Hallo and what´s your name?**	Seite 73
2	Chant	**Tongue twister:** ■ **Red lorry** ■ **Fuzzy Wuzzy**	Seite 94
3	Stammlied	**Have you got a job to do?** Neue Strophe: doctor	Seite 74
4	Surprise Box Themenlied	**Flash Cards, Wörtertraining** **Oh where, oh where have my keys gone?** (money / bag / phone)	Seite 134 Seite 100
5	Themenspiel	**Feel guessing**	Seite 116
6	Bewegungslied/ Bewegungsspiel	**I´m a little teapot** **Hide and seek**	Seite 78 Seite 119
7	Wiederholung	**Knife, fork, spoon**	Seite 123
8	Handreim/ Lied	**Two little dickie birds** **Here is the church**	Seite 104 Seite 97
9	Geschichte	**The enormous turnip** (Bilderbuch von Emma Dodd)	Seite 138
10	Abschied	**Goodbye and see you soon**	Seite 74

Unterrichtseinheit S4 38

Dauer: ca. 50 Minuten

Was brauche ich ?

Material:
- Surprise Box mit Puppenhausmöbeln
- Gitarre, Puppenhaus, Stethoskop, Geld, Hüte für Baumeister, Polizist, Bäcker, Bauer, Feuerwehrmann

Flash Cards: toilet, sofa, TV, stairs

Geschichte: Where's Spot?

1	Begrüßung	**Hallo and what's your name?**	Seite 73
2	Chant	**Tongue twister:** ■ **Fuzzy Wuzzy** ■ **I scream**	Seite 94
3	Stammlied	**Have you got a job to do?** Neue Strophe: banker	Seite 74
4	Surprise Box Themenlied	**Flash Cards, Wörtertraining** **This is my little house**	Seite 134 Seite 102
5	Themenspiel	**Dolls house**	Seite 114
6	Bewegungslied/ Bewegungsspiel	**My Bonnie lies over the ocean** **Simon says**	Seite 79 Seite 126
7	Wiederholung	**Knife, fork, spoon** **Oh where, oh where have my keys gone?**	Seite 123 Seite 100
8	Handreim/ Lied	**Here ist the church** **Horsey, horsey don't you stop**	Seite 97 Seite 99
9	Geschichte	**Where's Spot?** (Bilderbuch von Eric Hill)	Seite 138
10	Abschied	**Goodbye and see you soon**	Seite 74

Unterrichtseinheit S4 39

Was brauche ich?

Material:
- Surprise Box mit Bürste, Kamm, Zahnbürste, Seife, Schwamm
- Gitarre, Handpuppe, Tamburin, Stethoskop, Geld, Pinsel, Hüte für Baumeister, Polizist, Bäcker, Bauer, Feuerwehrmann

Flash Cards: brush, toothbrush, comb, soap

Geschichte: The enormous turnip

1	Begrüßung	**Hallo and what's your name?**	Seite 73
2	Chant	**Tongue twister:** ■ **Red lorry** ■ **She sells sea shells**	Seite 94
3	Stammlied	**Have you got a job to do?** Neue Strophe: painter	Seite 74
4	Surprise Box Themenlied	**Flash Cards, Wörtertraining** **What does Maxi do?** (comb, wash ...)	Seite 134 Seite 72
5	Themenspiel	**Waking up and going to sleep**	Seite 132
6	Bewegungslied/ Bewegungsspiel	**Ten in a bed** **Crossing the river**	Seite 82 Seite 113
7	Wiederholung	**This is my little house**	Seite 102
8	Handreim/ Lied	**This little piggy** **Incey wincey spider**	Seite 103 Seite 100
9	Geschichte	**The enormous turnip** (Bilderbuch von Emma Dodd)	Seite 138
10	Abschied	**Goodbye and see you soon**	Seite 74

Unterrichtseinheit S4 40

Was brauche ich ?

Material:
- Surprise Box mit Muschel
- Handpuppe, Gitarre, Stethoskop, Geld, Pinsel, Briefe, Hüte für Baumeister, Polizist, Bäcker, Bauer, Feuerwehrmann

Flash Cards: dolphin, fish, seashell, shark

Geschichte: The enormous turnip – acting

1	Begrüßung	**Hallo and what's your name?**	Seite 73
2	Chant	**Tongue twister:** ■ **She sells sea shells** ■ **Fuzzy Wuzzy**	Seite 94
3	Stammlied	**Have you got a job to do?** Neue Strophe: postman	Seite 74
4	Surprise Box Themenlied	**Flash Cards, Wörtertraining** **What shall we do with the sleepy sailor?**	Seite 134 Seite 84
5	Themenspiel	**Suitcase packing**	Seite 129
6	Bewegungslied/ Bewegungsspiel	**Row, row, row your boat** **Simon says**	Seite 80 Seite 126
7	Wiederholung	**Quiz – all words from term S4** (Spielerisch die Wörter abfragen, eventuell Gruppen bilden und Punkte vergeben.)	
8	Handreim/ Lied	**This little piggy** **1-2-3-4-5**	Seite 103 Seite 95
9	Geschichte	**The enormous turnip – acting** (Bilderbuch von Emma Dodd; als kleine Theaterszene spielen)	Seite 138
10	Abschied	**Goodbye and see you soon**	Seite 74

KAPITEL 4

LIEDER, VERSE, REIME / SONGS, CHANTS AND RHYMES

Legende

mit ♫ Lied mit Melodie, als Playback oder Vollversion auf beiliegender CD enthalten

ohne ♫ rhythmischer Sprechtext, als Vollversion auf beiliegender CD enthalten

Verweis auf die CDs

Die Stücke dieses Kapitels sind durchnummeriert. Daneben findet sich die Angabe zur Tracknummer auf CD A bzw. CD B.

(33) Laufende Nummer A: 33 / B: 32

Quellen

Alle Lieder und Reime sind traditionelle Kinderlieder.
Ausnahmen sind mit ✲✲ oder ✲ gekennzeichnet.

✲✲ Text und Musik: Caroline Fiedler

✲ Text: Caroline Fiedler
(Musik: traditionelles Kinderlied)

Übersicht

Stammlieder 1. Halbjahr

Hallo Maxi, how are you today?** ♫

1 CD- und Track-Nr.: **A: 1 / B: 1**

Ein Spiegel wird weitergegeben und das Lied wird für jedes Kind gesungen, das den Spiegel gerade hält. Alle singen und klatschen mit. Später kann das Kind antworten, wie es ihm geht – *I'm fine / I'm not so fine.*

Wheels on the bus ♫

2 CD- und Track-Nr.: **A: 2 / B: 2**

Tipps!

Lied über mehrere Wochen langsam aufbauen. Strophen mit passenden Gesten begleiten.

Zusätzliche Bewegungen:
round and round – die Hände übereinander kreisen
all through the town – eine Hand langsam nach vorne ausstrecken

Den letzten Refrain sehr langsam spielen und singen, *very slowly.* So langsam, dass die Erzieherin mittendrin einschläft. Die Kinder müssen sie mit lautem Geschrei aufwecken. Nun wird der Refrain ganz schnell zu Ende gesungen, *very fast.* Die Kinder lieben diesen Abschluss.

Stammlieder 1. Halbjahr / 2. Halbjahr

3 CD- und Track-Nr.:
A: 3 / B: 3

Melodie:
wie Hallo Maxi

Der Name jedes Kindes wird der Reihe nach eingesetzt. Das angesprochene Kind antwortet anschließend mit *goodbye*. Die anderen winken ihm zu.

Goodbye Maxi, goodbye Julia**

Stammlieder 2. Halbjahr

4 CD- und Track-Nr.:
A: 4 / B: 4

Jedes Kind wird der Reihe nach mit diesem Lied begrüßt. Bei *How do you do?* schüttelt es seinem nächsten Nachbarn die Hand.

Let's sing Hallo to Maxi**

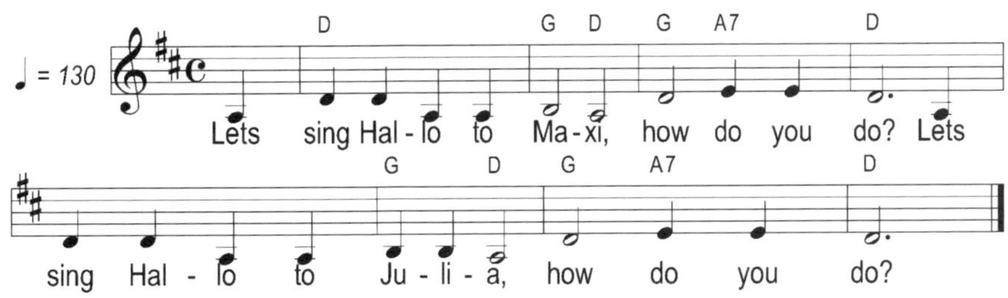

Vokabelhilfe zu:

■ **Wheels on the bus**

wheels.............die Räder
horns ....die Hupen
wipers..............die Scheibenwischer
drivers ....die Busfahrer
Mummies ....die Mütter
Daddies ....die Väter
lights................die Lichter
doors ....die Türen
windows..........die Fenster
money ....das Geld

Stammlieder 2. Halbjahr

What does Maxi do?** ♫

5 CD- und Track-Nr.:
A: 5 / B: 5

Varianten:

What does Maxi do?

He goes wave, wave, wave ...

... stamp, stamp, stamp ...

... no, no, no ...

... scratch, scratch, scratch ...

... blink, blink, blink ...

... tickle, tickle, tickle ...

... eat, eat, eat ...

... drink, drink, drink ...

What does a lion do?

... roar, roar, roar ...

What does a crocodile do?

... snap, snap, snap ...

What does a bird do?

... tweet, tweet, tweet ...

What does a worm do?

... wiggle, wiggle, wiggle ...

What does a clock do?

... tick, tock, tick ...

What does a bell do?

... ding dong, ding dong, ding dong ...

What does a scarecrow do?

... dingle dangle, dingle dangle, dingle dangle ...

Let's wave Goodbye to Maxi** ♫

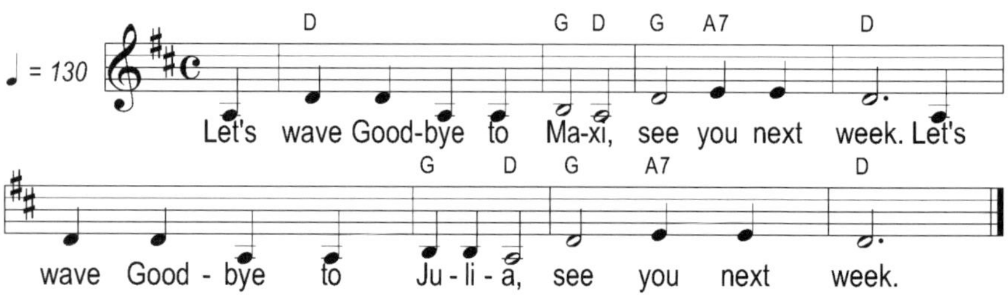

6 CD- und Track-Nr.:
A: 6 / B: 6

Melodie:
wie Let's say Hallo to Maxi

Der Name jedes Kindes wird reihum eingesetzt. Die anderen winken.

Stammlieder 3. Halbjahr / 4. Halbjahr

7 CD- und Track-Nr.:
A: 7 / B: 7

Melodie:
Bruder Jakob

Please and thank you*

8 CD- und Track-Nr.:
A: 8 / B: 8

Melodie:
Bruder Jakob

Um den Abschied in größeren Gruppen zu beschleunigen, können auch gleichzeitig zwei Namen eingesetzt werden.

Goodbye Maxi**

Stammlieder 4. Halbjahr

9 CD- und Track-Nr.:
A: 9 / B: 9

Hallo and what's your name?**

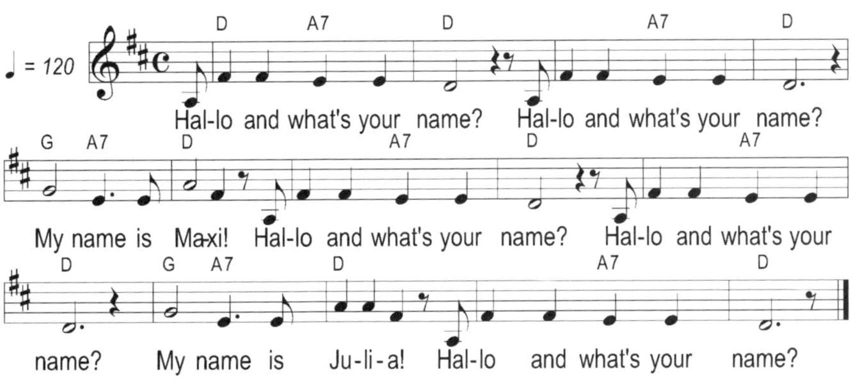

Stammlieder 4. Halbjahr

Have you got a job to do?* ♫

10 CD- und Track-Nr.:
A: 10 / B: 10

Melodie:
Wer will fleißige Handwerker sehen?

Tipp!
Zur Veranschaulichung einen Hut oder Gegenstand zu jedem Beruf bereitlegen, den die Kinder aufsetzen oder in die Hand nehmen können.

Goodbye and see you soon** ♫

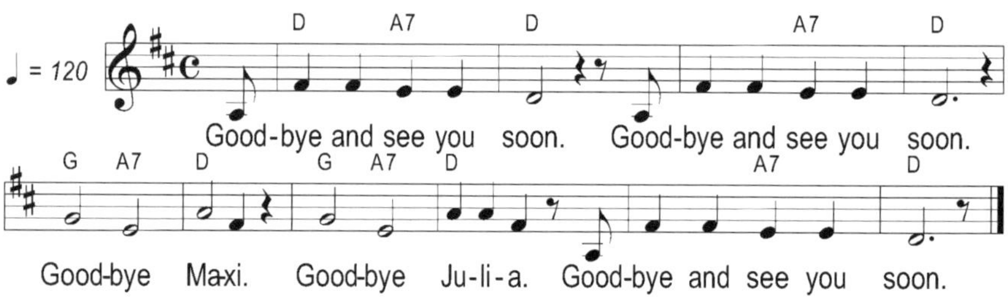

11 CD- und Track-Nr.:
A: 11 / B: 11

Melodie:
wie *Hallo and what's your name?*

Vokabelhilfe zu:

■ Have you got a job to do?

brick .... Ziegel
flow .... fliessen
to stir up .... umrühren
coins .... Münzen
spout .... Schlauch
to take someone's pulse .... Puls messen
to dip .... in etwas eintauchen
tin .... Farbbüchse
to plough the fields .... die Felder pflügen
to tidy up .... aufräumen
to iron .... bügeln
to sew................................... nähen

Für Übergänge / Bewegungslieder

12 CD- und Track-Nr.:
A: 12 / B: 12

Bewegungen:
Die Kinder hängen sich wie Waggons aneinander an und gehen mit passenden Geräuschen umher.

Varianten:
English boat (sitzend, rudernd), *English bus*, (sitzend, ein Kind als Chauffeur), *English plane* (sitzend, alle strecken die Arme wie Flügel aus)

Tipp!
English train kann mit *Lunchtime train, Garden train, Playground train, Breakfast train, Breaktime train* usw. ersetzt werden.

All aboard** ♫

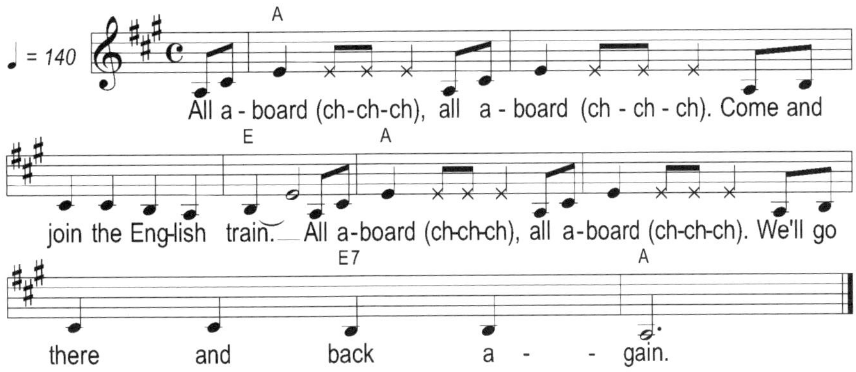

Bewegungslieder

13 CD- und Track-Nr.:
A: 13 / B: 13

Melodie:
Sur le pont d'Avignon

Bewegungen:
Im Kreis herumgehen, die Jungen machen bei *boys* eine Verbeugung und die Mädchen bei *girls* einen Knicks.

Come along, make a ring* ♫

Bewegungslieder

Head and shoulders, knees and toes ♫

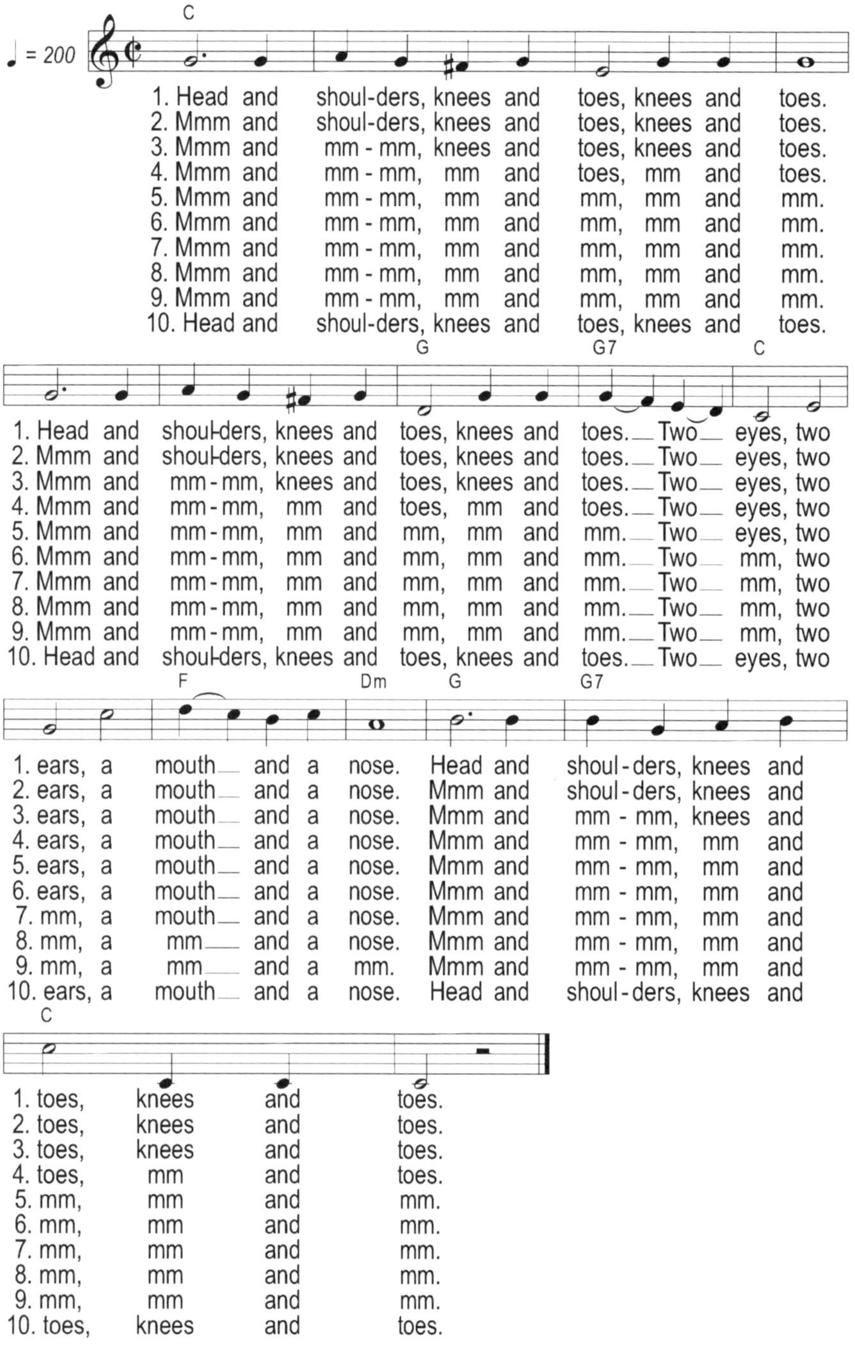

14 CD- und Track-Nr.:
A: 14 / B: 14

Bewegungen:
Auf die jeweiligen Körperteile deuten.

Hinweis:
Das Lied wird mehrmals gesungen. Jedesmal ersetzt man einen zusätzlichen Körperteil mit „mmm" bis zum Schluss, wenn alles wieder laut gesungen wird.

15 CD- und Track-Nr.:
A: 15 / B: 15

Bewegungen:
Im Kreis stehend werden die jeweiligen Körperteile so bewegt, wie geschildert. (rechter Fuß in den Kreis hinein, dann hinaus, dann geschüttelt). Ablauf zweimal wiederholen.

Tipp!
Achtung, die Kinder neigen hier dazu, zu stoßen und zu ziehen. Gemeinsam Regeln vereinbaren.

Hokey Pokey ♫

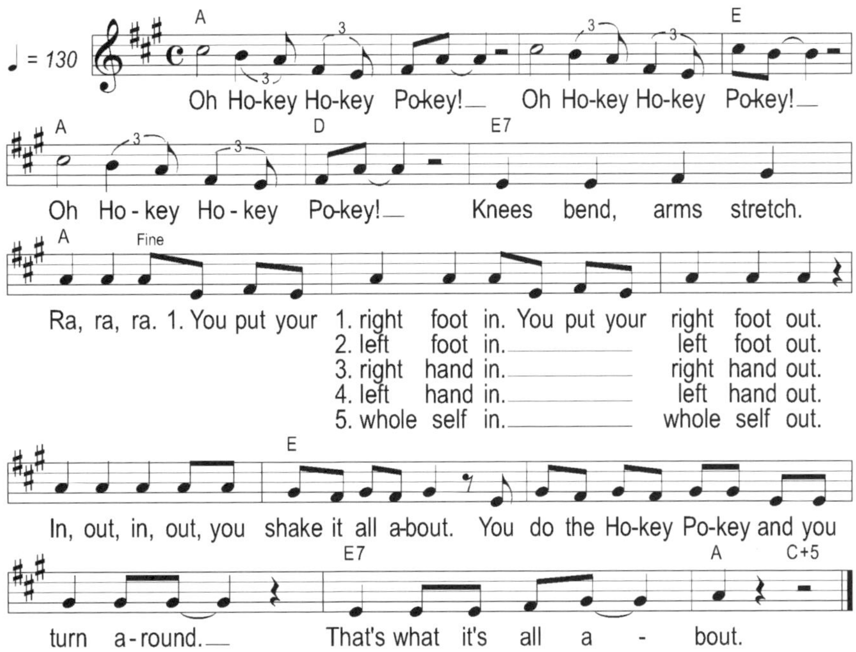

do the Hokey Pokey	Finger auf Brusthöhe zusammenfalten, Hände hin und her schaukeln, sich selbst dabei einmal im Kreis drehen
oh Hokey Pokey	Einander die Hände wieder reichen und mit nach vorne gestreckten Händen zusammen in die Mitte gehen, dann rückwärts in den großen Kreis
ra, ra, ra	Hände dreimal über den Kopf strecken

Bewegungslieder

If you're happy and you know it ♫

16 CD- und Track-Nr.: **A: 16 / B: 16**

Bewegungen:

clap your hands – klatschen

stamp your feet – stampfen

shout „Hooray" – Hände in die Höhe strecken und „Hooray" rufen

your face will smiley show it – ein Lächeln zeigen

I'm a little teapot ♫

17 CD- und Track-Nr.: **A: 17/ B: 17**

Bewegungen:

Die Kinder bewegen sich so wie beschrieben.

short and stout	Sich breit machen und mit den Händen eine runde Form zeigen.
handle	Eine Hand an die Hüfte legen und einen Ellbogen seitlich herausstrecken, wie der Griff einer Teekanne
spout	Mit der anderen Hand den Schnabel imitieren
tip me up to pour me out	Sich zur Seite beugen

18 CD- und Track-Nr.:
A: 18/ B: 18

Refrain wird abwechselnd *sad, happy, angry, slowly, fast, quietly, loud* gesungen.

My Bonnie lies over the ocean ♫

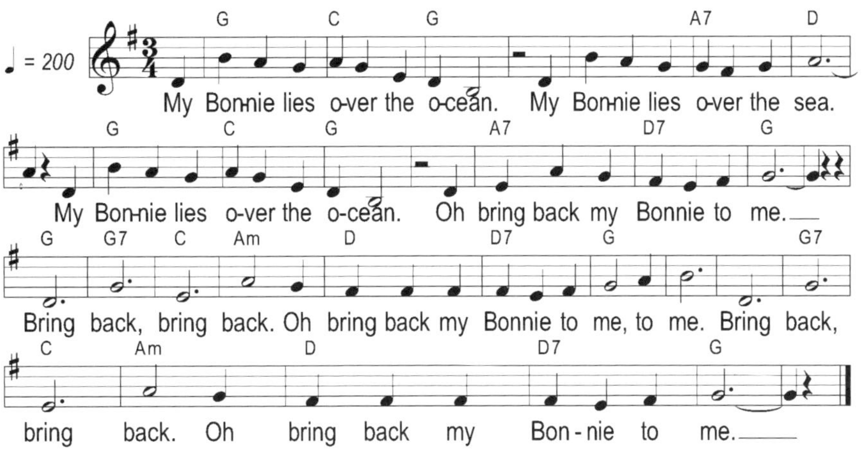

19 CD- und Track-Nr.:
A: 19/ B: 19

Bewegungen:
Im Kreis herum gehen

atishoo – laut niesen
all fall down – alle lassen sich zu Boden fallen

Ring-a-ring-a-roses ♫

Vokabelhilfe zu:

■ **I'm a little teapot**
stout .... dick
handle .... der Griff
spout .... der Schnabel
to tip up................ heben, kippen
to pour out .... ausgießen

■ **Ring-a-ring-a-roses**
posies .... wohlriechende Kräuter
atishoo.................. Geräusch beim Niesen

Einleitung
Aufbau
Unterrichtseinheiten
Lieder & Reime
Spiele
Geschichten
Wörterverzeichnis

Bewegungslieder

Row, row, row your boat

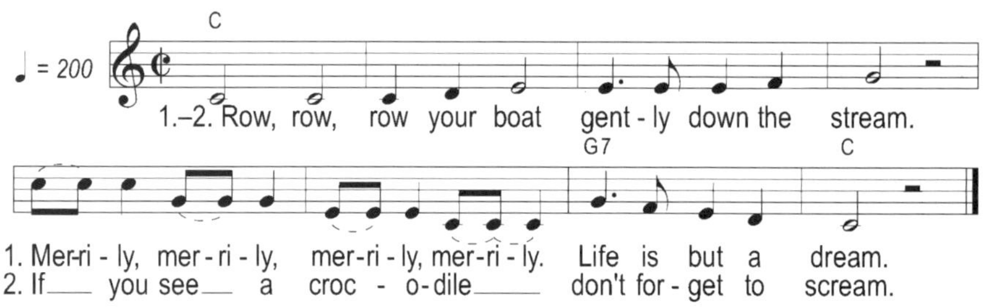

20 CD- und Track-Nr.: **A: 20/ B: 20**

Bewegungen:

Alle sitzen am Boden.

row	Mit den Armen rudern
crocodile	Mit den Händen schnappen
scream	Hände als Verstärker vor den Mund halten

See the bunnies sleeping

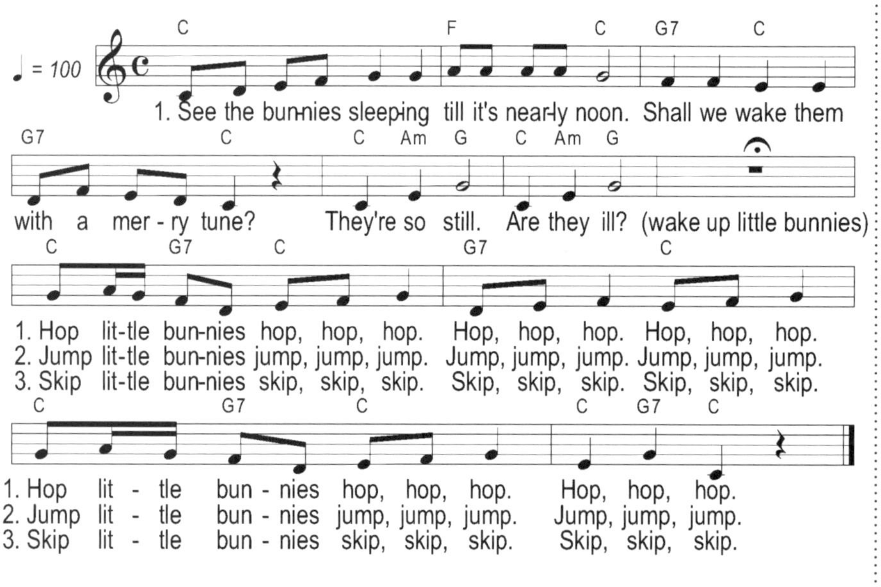

21 CD- und Track-Nr.: **A: 21/ B: 21**

Melodie:

Häschen in der Grube

Bewegungen:

Zuerst wird geschlafen

hop – herumhoppeln

jump – hüpfen

skip – traben

Hinweis:

Rabbit, Bunny oder Hare? Ein Hase bedeutet *a hare* und ein Kaninchen ist *a rabbit. Bunny* ist zwar auch ein Kaninchen, entspricht aber eher dem Häschen im deutschen Gebrauch.

22 CD- und Track-Nr.:
A: 22

Bewegungen:
Im Kreis stehen. Bei *I love you* kann man einen Handkuss in die Luft schicken oder sich selbst umarmen

Tipp!
Die Handpuppe oder einen Teddybären einsetzen

Teddy bear, teddy bear

Teddy bear, teddy bear turn around.
Teddy bear, teddy bear touch the ground.
Teddy bear, teddy bear show me your shoe.
Teddy bear, teddy bear I love you!

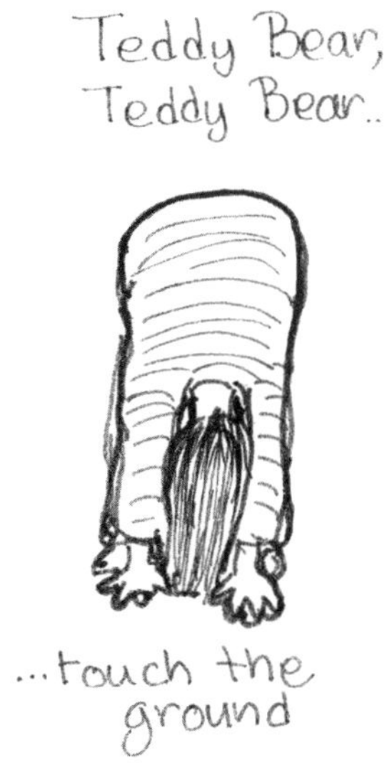

Vokabelhilfe zu:

■ **Row, row, row your boat**
merrily..................fröhlich

■ **See the bunnies sleeping**
merry tune...........lustiges Liedchen

Bewegungslieder

Ten in a bed

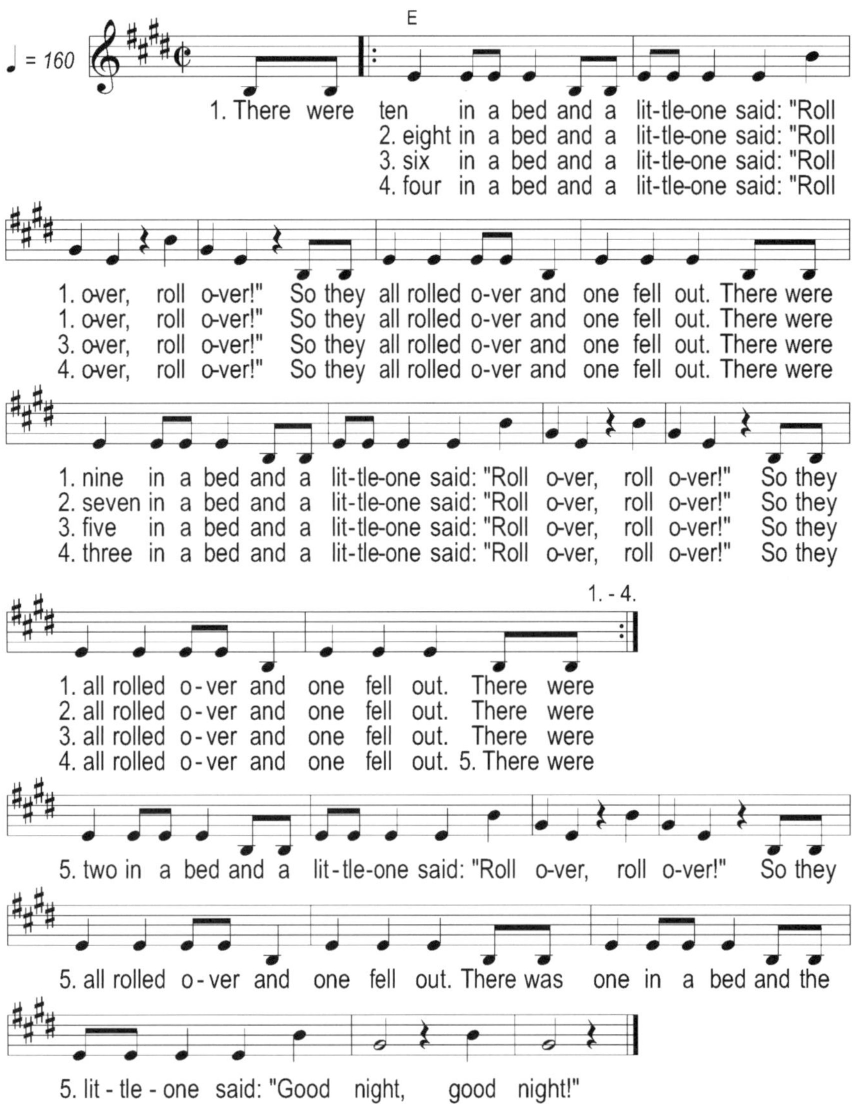

23 CD- und Track-Nr.: **A: 23/ B: 22**

Material:
Turnmatten oder Decke, auf dem Boden ausbreiten

Bewegungen:
Kinder legen sich auf die Matten, bei *all rolled over* rollen sie sich einmal alle in die gleiche Richtung, sodass bei *and one fell out* ein Kind tatsächlich aus dem „Bett" fällt. Dieser Ablauf wird wiederholt, bis nur noch das *Little One* übrig bleibt. Das Lied ist ein absoluter Hit bei den Kindern.

24 CD- und Track-Nr.:
A: 24/ B: 23

Bewegungen:
Ein Bauer wird ausgewählt und steht mitten im Kreis. Wir geben einander die Hände und gehen singend im Kreis herum. In der zweiten Strophe sucht der Bauer seine Frau aus und sie kommt zu ihm in die Mitte. Das geht dann so weiter, bis der Knochen *bone* in der Mitte steht. Bei *we all pat the bone* steht das Kind, das den Knochen darstellt, in der Mitte und alle tätscheln es liebevoll.

The farmer wants a wife ♫

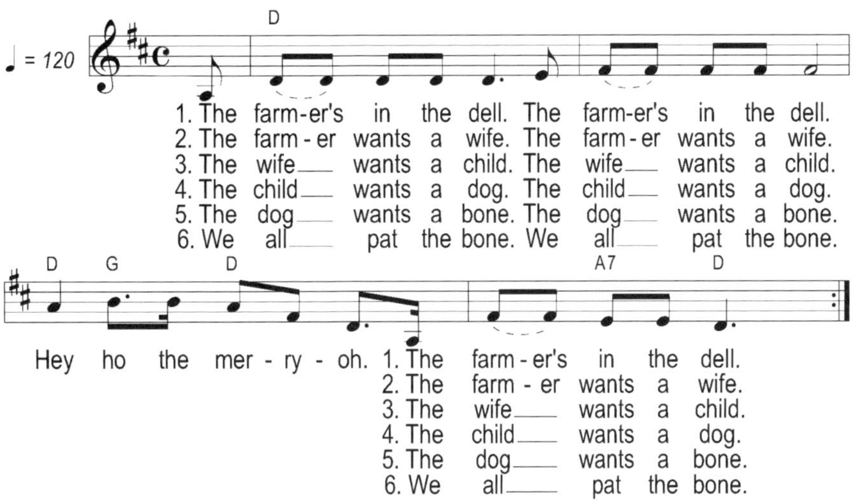

25 CD- und Track-Nr.:
A: 25/ B: 24

Bewegungen:
Die Kinder maschieren wie Soldaten herum.

Tipp!
Mit diesem Lied kann nach einer unruhigen Phase wieder Odnung in die Gruppe gebracht werden.

The grand old Duke of York ♫

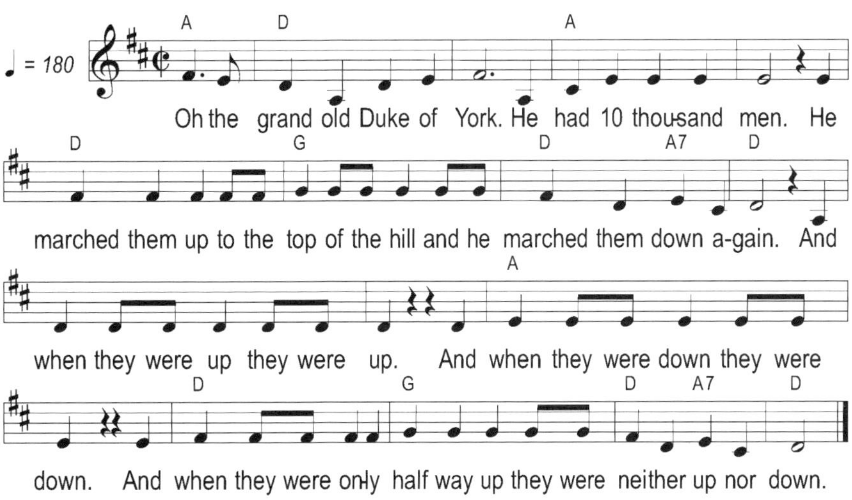

marched them up to the top of the hill	Sich nach hinten lehnen, als würde ein steiler Berg bestiegen
marched them down again	Sich nach vorne lehnen
when they were up	Die Hände hoch über den Kopf heben
when they were down	Mit den Händen den Boden berühren
half-way up	Die Hände flach auf Bauchhöhe halten
neither up nor down	Schnell die *up*- und *down*-Bewegungen Wiederholen

Bewegungslieder

What shall we do with the sleepy sailor? ♫

26 CD- und Track-Nr.: A: 26/ B: 25

Bewegungen:

Ein Kind spielt den verschlafenen Matrosen und liegt mitten im Stehkreis. Alle tanzen im Kreis um es herum. Beim Refrain wird der Matrose vorsichtig an den Händen hochgehoben und leicht hin- und hergeschwungen.

27 CD- und Track-Nr.:
A: 27/ B: 26

Zu diesem Lied gibt es Bilder (Living Stories, den Flash Cards beiliegend).

Baa baa black sheep

28 CD- und Track-Nr.:
A: 28/ B: 27

Colour song **

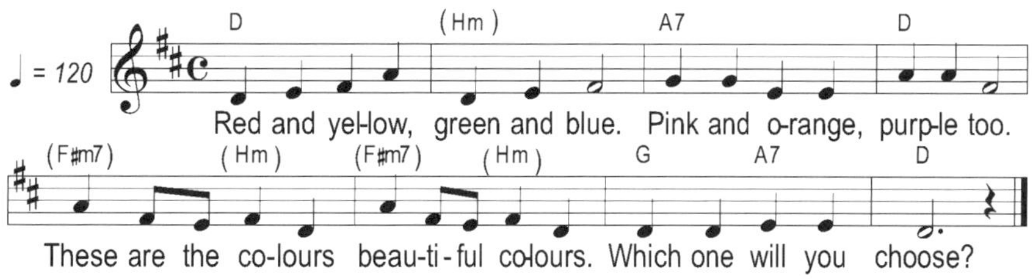

Vokabelhilfe zu:

■ **Colour song**

to choose..............wählen, aussuchen

Themenlieder

First I put my hat on* ♫

1. First I put my T - shirt on, T - shirt on, T - shirt on.
2. Then I put my trou - sers on, trou - sers on, trou - sers on.
3. Next I put my jump - er on, jump - er on, jump - er on.
4. Then I put my jack - et on, jack - et on, jack - et on.
5. Next I put my hat__ on, hat__ on, hat__ on.
6. Then I put my scarf__ on, scarf__ on, scarf__ on.
7. Last I put my glov - es on, glov - es on, glov - es on.
8. First I take my glov - es off, glov - es off, glov - es off.
9. Then I take my scarf__ off, scarf__ off, scarf__ off.
10. Next I take my hat__ off, hat__ off, hat__ off.
11. Then I take my jack - et off, jack - et off, jack - et off.
12. Next I take my jump - er off, jump - er off, jump - er off.
13. Then I take my trous - ers off, trous - ers off, trous - ers off.
14. Last I take my T - shirt off, T - shirt off, T - shirt off.

1. First I put my T - shirt on, it's cold out - side.__
2. Then I put my trou - sers on, it's cold out - side.__
3. Next I put my jump - er on, it's cold out - side.__
4. Then I put my jack - et on, it's cold out - side.__
5. Next I put my hat__ on, it's cold out - side.__
6. Then I put my scarf__ on, it's cold out - side.__
7. Last I put my glov - es on, it's cold out - side.__
8. First I take my glov - es off, it's warm in - side.__
9. Then I take my scarf__ off, it's warm in - side.__
10. Next I take my hat__ off, it's warm in - side.__
11. Then I take my jack - et off, it's warm in - side.__
12. Next I take my jump - er off, it's warm in - side.__
13. Then I take my trous - ers off, it's warm in - side.__
14. Last I take my T - shirt off, it's warm in - side.__

29 CD- und Track-Nr.:
A: 29/ B: 28

Melodie:
London Bridge is falling down

Vokabelhilfe zu:

■ First I put my hat on

jumper..................Jacke
scarf......................Schal
gloves...................Handschuhe

30 CD- und Track-Nr.:
A: 30/ B: 29

Zu diesem Lied gibt es Bilder (Living Stories, den Flash Cards beiliegend).

Humpty Dumpty ♫

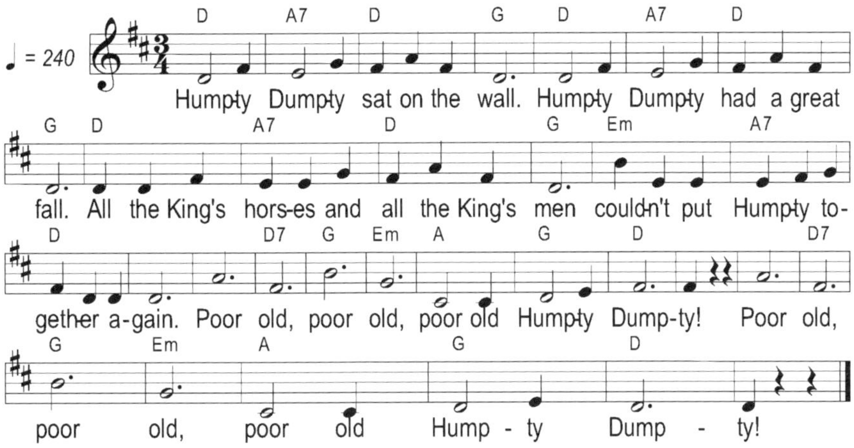

31 CD- und Track-Nr.:
A: 31/ B: 30

Melodie:
Oh my darling, Clementine

I like apples* ♫

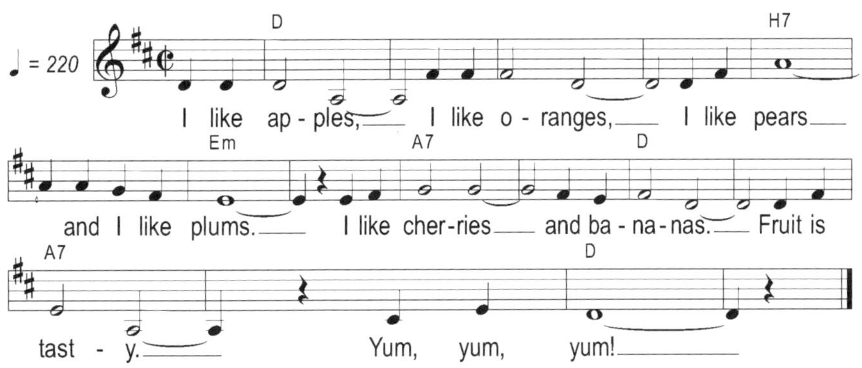

Themenlieder

I'm driving my car*

32 CD- und Track-Nr.: A: 32/ B: 31

Melodie:

Home on the range

I'm a worm**

33 CD- und Track-Nr.: A: 33/ B: 32

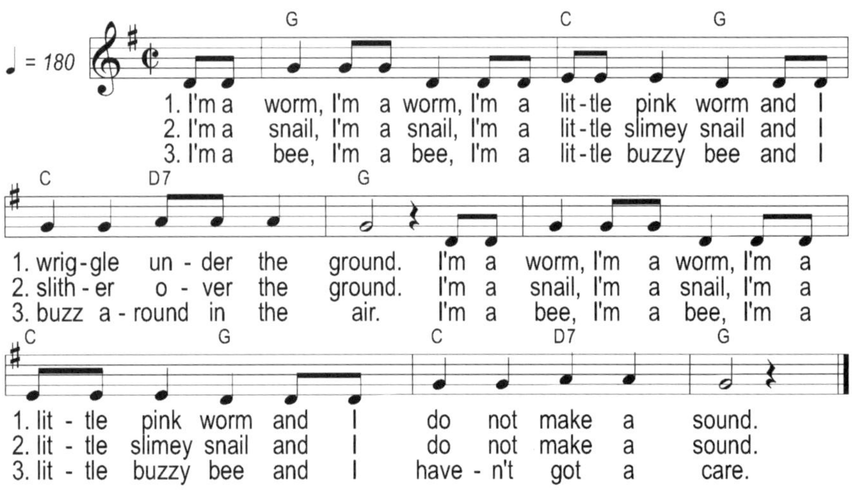

Vokabelhilfe zu:

I'm driving my car

engine .... Motor
tracks .... Schienen

I'm a worm

to wriggle .... sich winden

Jack and Jill

to fetch .... holen
pail .... der Eimer
crown .... Krone, hier: Kopf
to tumble .... purzeln

34 CD- und Track-Nr.: A: 34/ B: 33

Zu diesem Lied gibt es Bilder (Living Stories, den Flash Cards beiliegend).

Jack and Jill ♫

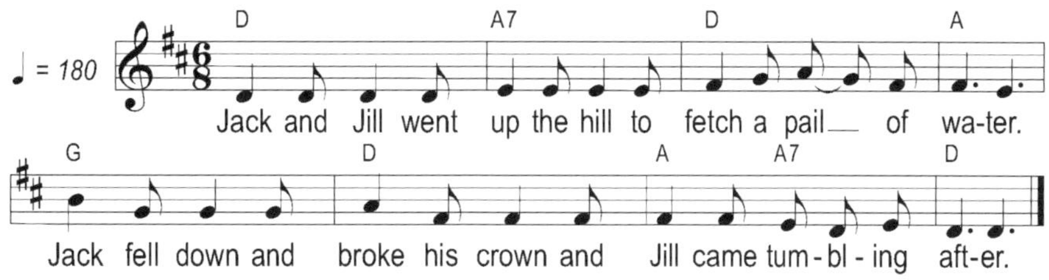

35 CD- und Track-Nr.: A: 35/ B: 34

Miss Polly had a dolly ♫

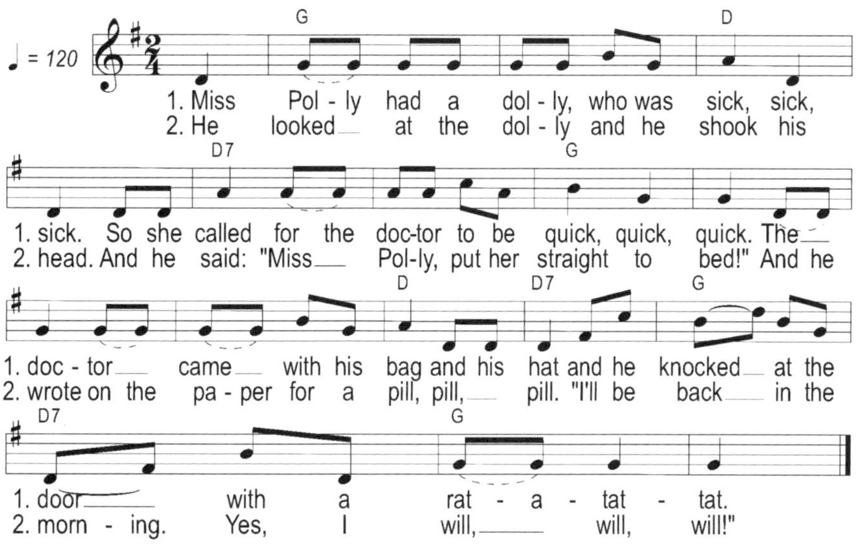

36 CD- und Track-Nr.: A: 36/ B: 35

Oh Daddy, what's for breakfast?** ♫

Themenlieder

Old MacDonald

37 CD- und Track-Nr.:
A: 37/ B: 36

Variante:

Statt *with a moo, moo here ...* singen: *there were big cows here (little cows, fat cows, thin cows, short cows, tall cows) Ee Ay Ee Ay Oh* und dabei die Bewegungen dazu machen. Die Kinder finden das sehr lustig.

38 CD- und Track-Nr.:
A: 38/ B: 37

Zu diesem Lied gibt es Bilder (Living Stories, den Flash Cards beiliegend).

Ten green bottles standing on a wall ♫

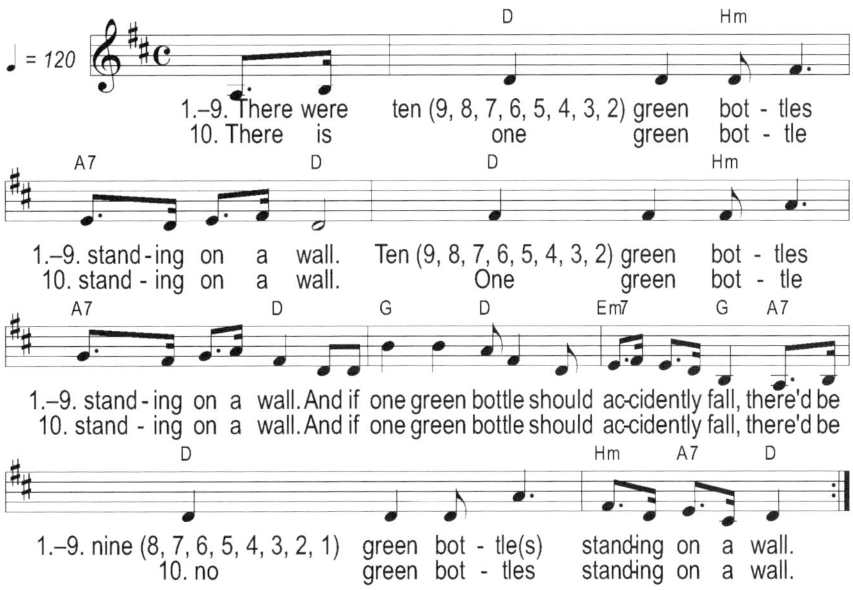

Vokabelhilfe zu:

■ Ten green bottles standing on a wall

accidentally..........unabsichtlich, zufällig

Themenlieder

The animals came marching in*

39 CD- und Track-Nr.:
A: 39/ B: 38

Melodie:
When Johnny comes marching home again

40 CD- und Track-Nr.: A: 40

1 - 2 - 3 clap with me*

1-2-3 clap with me (3x)
1-2-3 wave to me (3x)
1-2-3 sing with me (3x)

41 CD- und Track-Nr.: A: 41

Get dressed*

Get dressed, get dressed.
Put on your hat,
put on your hat.
Get dressed, get dressed.
Put on your coat and hat.

42 CD- und Track-Nr.: A: 42

Give me five*

Give me a one,	einen Finger zeigen
give me a two,	zwei Finger zeigen
give me a three,	drei Finger zeigen
give me a four,	vier Finger zeigen
give me FIVE!	Abklatschen mit der ganzen Hand

43 CD- und Track-Nr.: A: 43

Hallo! Let's be friends*

Hallo! Let's be friends.
Hallo! Come and play.
Hallo! Let's be friends.
Come and play, today.

44 CD- und Track-Nr.: A: 44

How are you?*

How are you,
how are you and how are you?
I'm fine thank you.

Chants/Zungenbrecher

Rocket launch*

Let's launch the rocket ...
10-9-8-7-6-5-4-3-2-1
Lift off!

45 CD- und Track-Nr.: **A: 45**

Tipp!
Ein Kind kann die Rakete spielen. Es kauert am Anfang am Boden, richtet sich langsam auf und springt bei *lift off* so hoch wie möglich in die Luft.

Sing a song*

Sing a song, sing a song,
sing a song with me.
Clap your hands, clap your hands,
clap your hands with me.

46 CD- und Track-Nr.: **A:46**

What's your name?*

What's your name ?
What's your name ?
I'm Maxi, that's my name.

What's your name ?
What's your name ?
I'm Julia, that's my name.

47 CD- und Track-Nr.: **A:47**

Zungenbrecher

Tongue twisters

Red lorry, yellow lorry

She sells sea shells by the sea shore.

I scream, you scream, we all scream for ice cream!

Fuzzy Wuzzy was a bear. Fuzzy Wuzzy had no hair.
Fuzzy Wuzzy wasn't very fuzzy, was he?

48 CD- und Track-Nr.: A:48/ B: 39

Bewegungen:
Die Kinder bewegen die Finger so wie beschrieben.

1-2-3-4-5 ♫

1 to 10	Die passende Anzahl Finger zeigen
fish	Eine fischartige Handbewegung machen
bit my finger	Mit einer Hand den Finger der anderen Hand „beißen"
this little finger on the right	Auf den rechten kleinen Finger deuten

49 CD- und Track-Nr.: A:49

Bewegungen:
Dieses Lied singt man im Stehen.

Dingle dangle scarecrow

When all the cows were sleeping
and the sun had gone to bed,
up jumped a scarecrow
and this is what he said:
"I'm a dingle, dangle scarecrow
With a flippy, floppy hat.
I can shake my hands like this
And shake my legs like that!"

sleeping	Augen schließen und den Kopf auf gefaltete Hände stützen
up jumped	In die Luft hüpfen
flippy, floppy	Den Kopf hin und her schütteln, die Arme und Beine bei den jeweiligen Stellen schütteln

Vokabelhilfe zu:

■ Dingle dangle scarecrow
scarecrow .... Vogelscheuche

Handreime und Handlieder

Five little peas

50 CD- und Track-Nr.:
A: 50

Five little peas in a pea pod pressed
one grew, two grew
and so did all the rest.
They grew and grew
till they could not stop,
until one day that pod went ... POP!

one grew, two grew	Daumen und Zeigefinger strecken
and so did all the rest	Alle Finger strecken, bis die ganze Hand geöffnet ist
they grew and grew	Mit den Händen wachsende Erbsen andeuten
pop	Laut klatschen

Bewegungen:
Mit einer geballten Faust anfangen.

Five little speckled frogs ♫

51 CD- und Track-Nr.:
A: 51/ B: 40

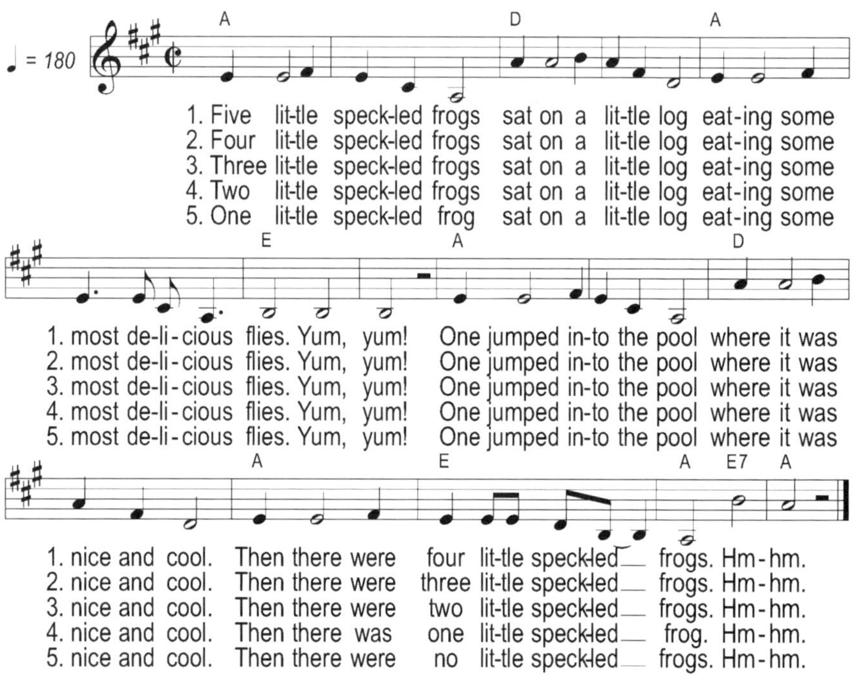

Zu diesem Lied gibt es Bilder (Living Stories, den Flash Cards beiliegend).

Bewegungen:
yum, yum – eine kreisförmige Handbewegung über den Bauch machen

52 CD- und Track-Nr.:
A: 52

Bewegungen:
siehe Zeichnung

Here is the church

Here is the church
and here is the steeple.
Open the doors
and out come the people.

Handreime und Handlieder

Hickory dickory dock ♫

ran up Die Finger in der Luft nach oben bewegen
boo Die Hände kreisförmig um den Mund halten
wee Die Hand schräg hinunter bewegen als wäre sie auf einer Rutsche

53 CD- und Track-Nr.: **A: 53/ B: 41**

Bewegungen:
Hier können Instrumente gut eingesetzt werden. Für das Ticken der Uhr kann man klopfen und bei *struck* kann man die jeweilige Zahl auf einem Triangel klingen lassen. Die Kinder machen hier eifrig mit.

Vokabelhilfe zu:

■ Hickory dickory dock
hickory……………Hickorybaum
dickory……………bedeutungslos – nur als Reim benötigt

54 CD- und Track-Nr.:
A: 54/ B: 42

Horsey, horsey, don't you stop

clippety clop	Mit den Händen wie Hufe auf den Boden schlagen
tail go swish	Die Hand schweifartig kreisen lassen
wheels go round	Die Hände umkreisen einander
giddey up	Wie an Zügeln ziehen

Handreime und Handlieder

Incey wincey spider ♫

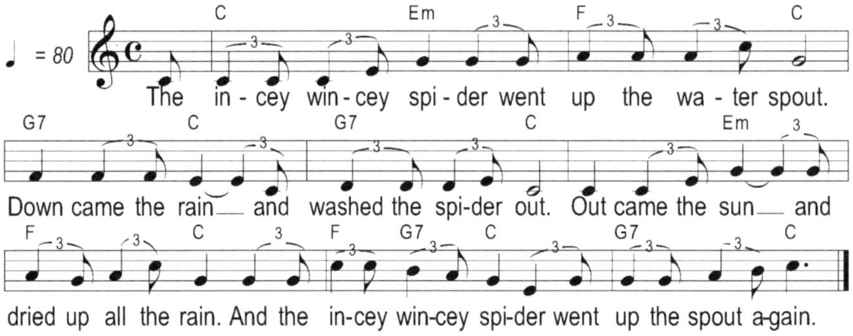

55 CD- und Track-Nr.:
A: 55/ B: 43

Oh where, oh where have my fingers gone?*

Oh where, oh where have my fingers gone?
Oh where, oh where can they be?
Oh where, oh where have my fingers gone?
Oh there they are – Yipeee!

56 CD- und Track-Nr.:
A: 56

Bewegungen:
Zuerst die Finger hinter dem Rücken verstecken, dann ganz überrascht nach vorne bringen. Das Wort *fingers* kann man durch andere Gegenstände wie *keys, sweets* usw. ersetzen.

57 CD- und Track-Nr.:
A: 57/ B: 44

Bewegungen:
Hier sitzt oder kniet man vor dem Kind und hält dessen Hand, die Handfläche nach oben.

Die Kinder sollen nachher miteinander das Lied vorspielen. Rupert, meine Teddybär-Handpuppe, ist sehr beliebt als Partner und ist eine gute Lösung, falls direkter Körperkontakt vermieden werden möchte.

Round and round the garden ♫

round and round	Die Handfläche mit dem Zeigefinger umkreisen
one step, two steps	Mit dem Zeige- und Mittelfinger dem Kind den Arm hinaufspazieren
tickle	und das Kind unter dem Arm kitzeln

Handreime und Handlieder

Ten fat sausages ♫

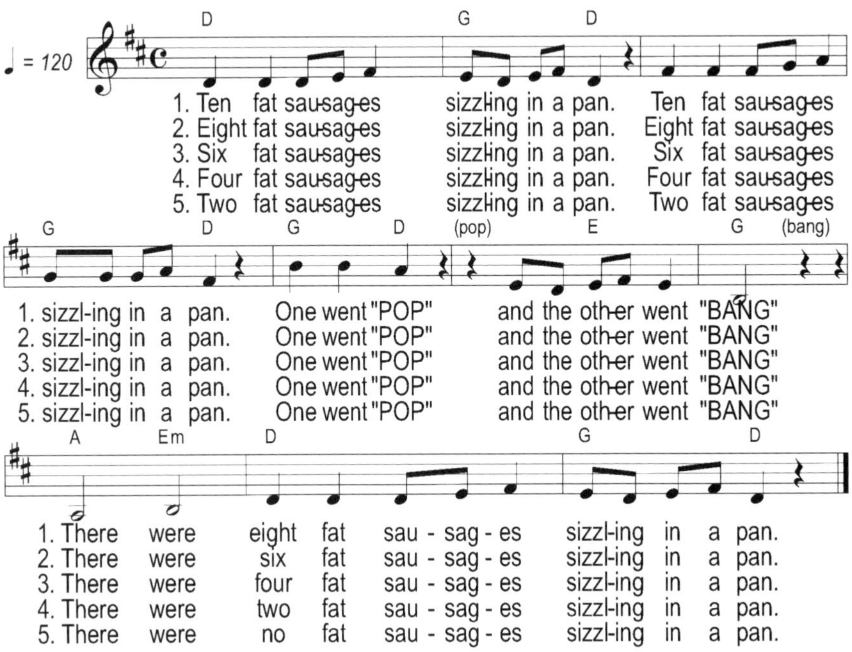

pop	In die Hände klatschen
bang	Auf den Boden klatschen

58 CD- und Track-Nr.:
A: 58/ B: 45

Zu diesem Lied gibt es Bilder (Living Stories, den Flash Cards beiliegend).

This is my little house*

This is my little house.
This is the door.
This is the roof
and this is the floor.
Here is the table
and here are the chairs.

Here is the bedroom
up the stairs.
Outside is the garden
with fence and gate.
And this is me.
My name is Kate.

59 CD- und Track-Nr.:
A: 59

Bewegungen:
Das Haus und seine Bestandteile werden einfach mit Handbewegungen in die Luft gezeichnet.

60 CD- und Track-Nr.:
A: 60

Bewegungen:
Man zupft am jeweiligen Zeh. Das Lied spielt man am besten im Sommer, wenn die Socken sowieso ausgezogen sind. Wie bei *Round and round the garden* kann hier eine Handpuppe nützlich sein.

This little piggy

big toe	*This little piggy went to market.*
second toe	*This little piggy stayed at home.*
third toe	*This little piggy had roast beef.*
fourth toe	*And this little piggy had none.*
little toe	*And this little piggy went „squeak, squeak, squeak!",*
	all the way home.

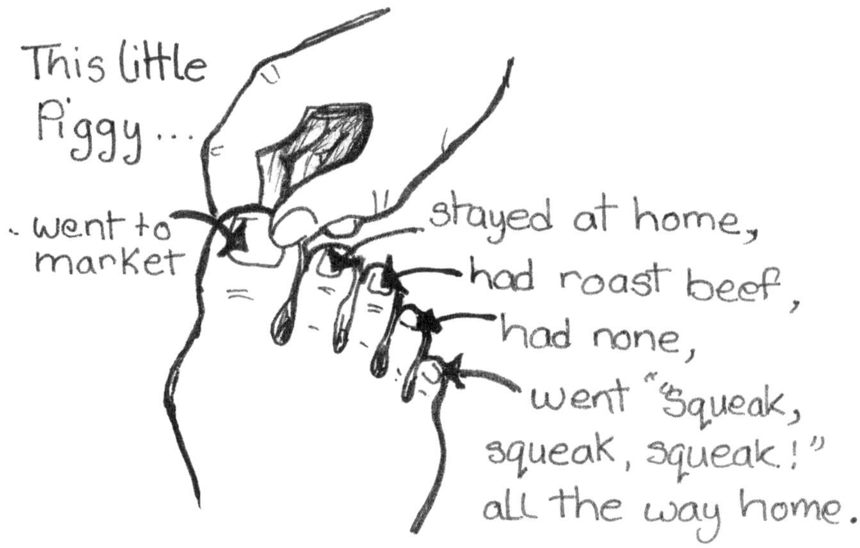

61 CD- und Track-Nr.:
A: 61/ B: 46

Bewegungen:
twinkle – die Finger wie ein funkelnder Stern bewegen

high – zur Decke hinauf zeigen und schauen

Twinkle twinkle little star ♫

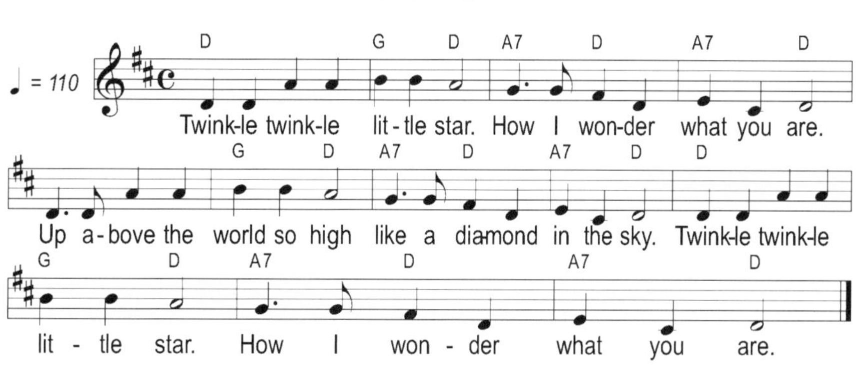

Handreime und Handlieder

Two little dickie birds ♫

62 CD- und Track-Nr.: **A: 62/ B: 47**

Bewegungen:

Die Hände sind die zwei Vögel, die zuerst sitzen, dann weg hinter den Rücken fliegen und wieder nach vorne fliegen.

Wind the bobbin up ♫

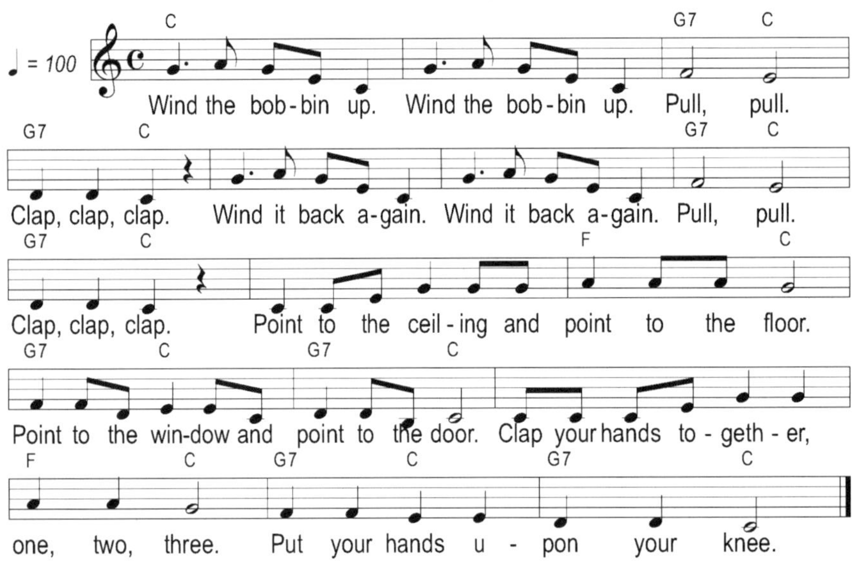

63 CD- und Track-Nr.: **A: 63/ B: 48**

Bewegungen:

Die Kinder bewegen sich so wie beschrieben.

wind...up	Die Hände übereinander rollen und hinauf bewegen
wind it back again	Rollend hinunter bringen
pull	Eine ziehende Bewegung machen
clap, clap, clap	Klatschen, dann auf Decke, Boden, Fenster und Tür zeigen
put your hands upon your knee	Die Hände auf die Knie legen

KAPITEL 5

SPIELE / GAMES

Spiele bringen Bewegung und Spaß in die Stunde. Hier folgen kurze Beschreibungen der Spiele und Aktivitäten aus den Unterrichtseinheiten von Kapitel 3, die man selbstverständlich auch beliebig einsetzen kann. Sie sind in der Regel für Gruppen von 8 bis 12 Kindern geeignet.

Viele sind traditionelle Nursery Spiele aus England und den USA, manche sind angelehnt an das nicht minder bewährte und beliebte deutschsprachige Kindergarten-Spielrepertoire.

Die Spiele sind grundsätzlich für alle Altersstufen im Kindergarten geeignet, sollen aber mit Anfängern oder jüngeren Kindern differenziert gespielt werden.

Ich finde es am besten ohne eindeutige Sieger und Verlierer zu spielen, da die Kinder sowieso ehrgeizig sind, ihr Wissen und Können zu demonstrieren, ohne gegen andere zu konkurrieren. Alle guten spielerischen Leistungen, sowie „Fair Play" sollen aber immer mit Jubel und Lob belohnt werden *(bravo, well done, super, great, terrific, good sport, good loser, never mind, well played).*

Allgemeine Spielredewendungen

Ready, steady, go!	Auf die Plätze, fertig, los!
On your marks, get set, go!	Auf die Plätze, fertig, los!
Wait / Hold it	Warte
Time out	Pause
It's your turn / It's your go	Du bist dran
Miss a turn	Setze (einmal) aus
You're next	Du bist der Nächste
Take it in turns	Spielt abwechselnd
Roll the dice	Würfle
Throw a 6	Würfle eine 6
Go back 2 squares	gehe zwei Felder zurück
You're it	Du bist der Fänger
No cheating	Nicht schummeln
Stop it	Aufhören
Line up	Stellt euch an / Stelle dich an
Make a circle	Bildet einen Kreis
Back to the start	Zurück zum Start
The youngest begins	Der Jüngste fängt an
You're the winner	Du bist der Sieger
You're out	Du bist ausgeschieden
Go for it!	Packs an! / Nimms in Angriff!
Rough play	Wildes, undiszipliniertes Spielen
Race me!	Fang mich!
It's a draw	Es ist unentschieden
Spoil sport	Spielverderber
(You are, he is, she is, I am ...) the loser	(du bist, er, sie ist, ich bin) der Verlierer
Bad luck!	Pech gehabt
Never mind	Macht nichts

Auszählreim:
Eenie, meenie, minie, mo.
Catch a piglet by it's toe.
If it squeals, then let it go. a
Eenie, meenie, minie, mo.

counters	Spielsteine
dice	Würfel
The finishing line	Ziellinie
Penalty	Strafe

Für gute Leistungen klopfen wir uns auf die Schulter:
Give yourself a pat (on the shoulder).

Spiele

1-2-3, Julia come to me!

„Mein rechter, rechter Platz ist leer". Die Kinder sitzen auf Stühlen, ein zusätzlicher, leerer Stuhl steht im Kreis. Das Kind auf der linken Seite des leeren Stuhls holt sich ein Kind zur Seite mit *„1-2-3, Maxi come to me"* . Das gerufene Kind hinterlässt nun auch einen leeren Platz, der vom Kind links davon wieder besetzt werden kann, so geht es immer weiter. Die Spielleiterin muss aufpassen, dass alle Kinder drankommen. Man kann auch als Regel vorher definieren, dass jedes Kind nur einmal gerufen werden darf. Ideal für Anfänger zum Aufwärmen.

Spielanweisungen:
Let's all sit in a circle. Here's a spare chair next to Maxi. Who do you want to come and sit next to you, Maxi? Julia? O.K. Say "1-2-3, Julia come to me!" Julia, you can now go over and sit next to Maxi. Look! The chair next to Andreas is now empty. Andreas, it's your turn. Who do you want to call? Julia? No, sorry, we've had Julia already. Call someone new.

Material:
ein Stuhl mehr als Kinder teilnehmen

Themen:
Zählen von 1 bis 3, sich kennenlernen

Variante:
Come to me as a ... dog, monkey, snake, frog etc.

Animal parade

Hier bewegen sich die Kinder wie Tiere im Raum und wechseln die Gangart, sobald die Spielleiterin ein neues Tierwort ruft. Mit Tierlauten können die Bewegungen zusätzlich verstärkt werden. Achtung, es kann ein beachtlicher Lärm entstehen. Man kann mit Trommel und Ausscheiden (so wie bei Feuer, Wasser Wind, Seite 117) spielen.

Es lässt sich bestimmt ungestörter spielen, wenn vorher die gewünschten Tierbewegungen trocken geübt werden, gerade weil manche Tiere nicht selbstverständlich oder einfach darzustellen sind, z.B. Giraffe – auf Zehenpitzen, hochgestreckt, eine Hand hoch über dem Kopf, Arm und Hand als Hals und Kopf gehalten.

Spielanweisungen:
Let's be the animals. Look! This is how we can be monkeys. We can make monkey noises too. And what about a snake? Yes, the snake goes like this. Now, when I say an animal, we all have to be that animal. Off we go. "Monkey". Super. What lively monkeys!

Material:
eventuell Trommel oder Musik

Themen:
Wilde Tiere, Bauernhoftiere

Ball games

Material:
Ball, weiche Wurfgegenstände

Themen:
Bewegungswortschatz zum Ballspielen

Variante:
Piggy in the middle (Schweinchen in der Mitte)
Ein Kind steht in der Mitte zwischen Werfer und Fänger. Es muss versuchen, den Ball abzufangen, damit es aus der Mitte heraus darf. Wenn ihm das gelingt, muss der Werfer in die Mitte.

Die Kinder stehen in einem Kreis. Die Spielleiterin nimmt einen Ball, sagt *„Maxi, catch the ball!"* und wirft vorsichtig zu Maxi. Er sucht jemanden aus, ruft ebenfalls vorher *„Julia, catch the ball"* und wirft den Ball hinterher.

Spielanweisungen:
Look! I've got a ball. Let's throw the ball to each other. I'll throw the ball to Maxi. Good. Maxi, now it's your turn. You throw the ball to Julia. Well done. Now Julia, you throw it to Esra. Now, I'll throw the ball to anyone I want. First I tell them to catch it. Maxi, catch the ball! Well done. Now you choose someone and tell them to catch the ball. That's right! Julia catch the ball.

Das Spiel wird wöchentlich mit folgenden Erweiterungen aufgebaut:

Throw the ball to Maxi!
Kick the ball to Julia!
Roll the ball to Maxi!

(Achtung, *„Catch the ball to Maxi!"* kann leicht entstehen. Den Unterschied betonen.)

Blind man's buff

Material:
Augenbinde, Grenzmarkierung

Themen:
Spielen

Variante:
Eine Variante ist, dass der Fänger den Namen des gefangenen Kindes nennen muss *(this is Maxi)*, wird das Kind nicht erkannt, kann es frei weiterspielen.

Man bindet einem Kind die Augen sanft zu. Die anderen Kinder stehen im Kreis um es herum. Der Kreis muss zuvor mit Springschnüren oder Stühlen klar markiert werden. Die freien Kinder bewegen sich langsam und vorsichtig innerhalb des Kreises. Nach *„Go!"* muss das blinde Kind versuchen, die anderen zu fangen. Wenn ein Kind gefangen wird, muss es sich hinsetzen oder den Kreis verlassen, bis alle gefangen worden sind. Die freien Kinder rufen dabei *„Catch me if you can!"*

Spielanweisungen:
Come and stand inside the circle. Who wants to play the blind man? O.K. Julia. Let me cover up your eyes. Can you see anything? How many fingers am I holding up? Good. Now everyone else has to walk around SLOWLY (no running allowed) and Julia will try and catch you. If Julia touches you, you must sit down (or go out of the circle). To help her find you, you must say "Catch me if you can!". Let's practise saying that together. After me: "Catch me if you can!" Off you go.

Spiele

Board games

Folgende bekannte Gesellschaftsspiele eignen sich sehr gut zur Festigung des Wortschatzes, wenn man sie mit englischem Kommentar spielt.

Memory	Thema: je nach Inhalt der Bilder
Domino	Thema: Zahlen oder je nach Inhalt der Bilder
„Twister" von MB	Thema: Körperteile und Farben
„Obstgarten" und	
„Lecker, lecker" von Haba	Thema: Obst
„Colorama" von Ravensburger	Theme: Farben und Formen

Material:
verschiedene Spiele

Themen:
alle

Building a snowman

Ein Kind wird ausgesucht, das freiwillig den Schneemann spielen möchte. Es legt sich flach auf den Boden. Alle anderen Kinder knien rundherum.

Zuerst bewegen wir die Hände wie fallende Schneeflocken und sagen gemeinsam: *„It's snowing. Oh snow!"* Wir schauen glücklich und überrascht zu Boden. *„Let's build a snowman!"* Wir fangen an zu formen. Das Kind in der Mitte wird dabei nicht berührt, bewegt sich aber zu unseren Sätzen und richtet sich beim Formen langsam auf. *„Here's his body. Here's his head. Let's give him some arms, a nose, eyes, mouth, buttons, a broom, a hat."* Behutsam geben wir unserem Schneemann diese Sachen pantomimisch. *„What a lovely snowman!"* Wir bewundern den Schneemann. Dann kommt die Sonne: *„Oh the sun is coming out! The snowman is melting."* Die Kinder machen Sonnenstrahlen mit den Händen und der Schneemann schmilzt, das Kind legt sich wieder auf den Boden.

Spielanweisungen:
Who would like to be a snowman? Let's all build the snowman together.

Material:
–

Themen:
Körper, Winter, Wetter

Caterpillar

Material:
große braune Decke und bunte Chiffontücher für jedes Kind

Themen:
Caterpillar / butterfly, Essen

Wir wollen nachspielen, wie die Raupe wächst und sich in einen bunten Schmetterling verwandelt.

Ein Kind geht als Raupe herum und „knabbert" alle an.

Alle sagen:
„Caterpillar, caterpillar
Eat, eat, eat
You're getting bigger."

Zunehmend kommen Kinder dazu und hängen sich an. Wenn alle Kinder zur Raupe gehören, sagt die Lehrerin:

„Now the caterpillar is going to sleep."
Die Kinder legen sich unter eine Decke.

„Now the Caterpillar wakes up."
Die Lehrerin verteilt bunte Tücher an die Kinder, die nun wie Schmetterlinge herumfliegen.

„He's become a beautiful butterfly!"

Die Kinder sagen zum Schluss:

„Fly, fly butterfly
Bye, bye butterfly!"

Spiele

Chase

Wir spielen „Fangen" auf Englisch. Den Fänger sucht man mit *„You're it!"* aus. Man kann sich diverse Stellungen für die gefangenen Kinder ausdenken, aus welchen sie dann von den frei Laufenden befreit werden können. Wer gefangen ist, muss zuerst rufen: *„Help me!"*

Eine beliebte Variante aus Irland ist „Flushing the toilet". Dabei müssen die gefangenen Kinder mit ausgestrecktem rechten Arm still stehen, bis der Befreier den Arm hebelartig hinunterdrückt (wie bei einer Toilettespülung).

Spielanweisungen:
Now we're going to play Chase. Maxi, you're "it". That means, you are the one, who chases the others. Everyone else runs around. If Maxi touches you, you must stand still / stand on one leg / sit down / kneel / stand with your legs apart / stand with your arm out, like this ... until someone else frees you. They free you by touching you / crawling under your legs / flushing the toilet ...

Material:
–

Themen:
Spielen

Chinese whispers

So heißt „Stille Post" auf Englisch. Fürs Zuhören und die Sprachreproduktion ist dieses Spiel genial. Bei Kindergartenkindern muss man darauf achten, möglichst einfache Wörter oder Sätze zu verwenden.

Es ist erstaunlich, wie schnell die Kinder gleich klingende Begriffe aus Ihrer Sprache finden: *I'm a ...* = „Eimer", *How do you do?* = „Hau du und du." Obwohl diese Eselsbrücken einerseits das Merken erleichtern, ist die Gefahr groß, dass die abgewandelten Versionen übrig bleiben und die richtige Aussprache verloren geht. Daher empfiehlt es sich immer zum Abschluss und nach jeder eigenen Interpretation den korrekten englischen Ausdruck deutlich zu wiederholen.

Spielanweisungen:
I'm going to whisper something to Julia. She has to whisper it to Maxi and Maxi to Celine and so on. In the end, Urs has to say what he heard. I wonder if it will sound the same as in the beginning.

Material:
–

Themen:
alle

Colourful caterpillar

Material:
Farbwürfel oder Kreisel
Für jedes Team aus Karton:
1 Raupengesicht, 6 Halbmondformen in gelb, grün, rot, blau, orange und lila

Themen:
Farben

Die Kinder werden in Teams eingeteilt. Jedes Team erhält folgende, aus buntem Karton ausgeschnittene Formen: 1 rundes Raupengesicht, 6 bunte zueinander passende Halbmonde in verschiedenen Farben.

Die Teams würfeln mit einem Farbwürfel (Farben, siehe Material). Wenn sie eine Farbe würfeln, dürfen sie die Farbe auf Englisch sagen und den Halbmond in der passenden Farbe zum Raupengesicht hinlegen. Wenn die Farbe schon gelegt ist, müssen sie passen. Sieger ist das erste Team mit einer vollständig gelegten Raupe.

Spielanweisungen:
Let's have three teams, you, you, you and you are team 1. Each team gets a caterpillar face and different coloured body cards. Throw the dice. What colour is it? You may lay that colour body part to the caterpillar. ... Bad luck. You've already got orange.

Copy cat

Material:
Ball oder Sprechtier,
Flash Cards

Themen:
alle

Variante:
Etwas schwieriger, aber sehr lustig ist das Echo-Sprechen. Das erste Mal wird der Begriff laut gesprochen und dann von Kind zu Kind immer weitergegeben und dabei immer leiser als Echo gesprochen. Oder die Erzieherin spricht ein einfaches Wort lautlos. Die Kinder müssen es ihr von den Lippen ablesen und laut wiederholen.

Eine „copy cat" ist gemäß der Übersetzung ins Deutsche ein Nachmacher. Die englischen Schulkinder sagen den Reim: *„Copy cat, copy cat, sitting on the door mat."* Der Ausdruck ist in England allerdings positiver besetzt.

Man kann Copy cat immer wieder spielen, um die Aussprache von Wörtern zu üben. Die Lehrerin sucht ein Wort aus, z.B. *sunglasses*. Dann wirft sie dem Copy-cat-Kind einen Ball zu, dieses muß das Wort nachsprechen. Das Kind sucht ein neues Wort aus und wirft den Ball weiter. Ein schnelles Tempo ist erforderlich und erhöht den Spaß. Man kann auch ohne Ball in einer Reihe stehend spielen. Wer nicht richtig nachspricht, muss ausscheiden und sich setzen. Zur Inspiration können Flash Cards hingelegt werden. Eine gute Wiederholungsübung.

Spielanweisungen:
Let's play "Copy cat". You have to say everything I say. When I throw the ball to you, you must say the word I say. If you don't say it exactly right, you must sit down. Now Maxi, you can choose a new word and throw the ball to someone else.

Spiele

Counting tasks

Eine wirksame Denkanregung ist es, Themenwörter in Zusammenhang mit Farben und Zahlen zu bringen. Die Wörter werden unbewußt wiederholt, während das Kind auf die Aufgabe des Zählens oder der Farbeerkennung konzentriert ist. Man kann entweder mit Gegenständen aus dem Kindergarten arbeiten oder die Ausmalblätter (erhältlich im Paket mit den Flash Cards) auf mehrere farbige Kartonblätter kopieren und ausschneiden. Folgende Arten von Fragen können dann den Kindern gestellt werden:

„How many cows do you see?"
„How many red cows are there?"
„How many blue fishes can you see / find?"
„Is there a yellow fish?"
„Are there two or three pink teddy bears?"

Zahlen oder Farben können auch für organisatorische Aufgaben gut eingesetzt werden.

Let's see how many children we have today. Start to count Maxi "1", Julia "2" and so on. Oder: *All children wearing red can go back and sit down. Nico, choose a colour for the next children.*

Material:
Bilder oder Abbildungen von Themenwörtern in verschiedenen Formen oder Farben

Themen:
Farben, Zahlen

Crossing the river

Material:

–

Themen:

Bewegungen, Tiere, Sportarten, Transportmittel

Tipp!

Immer klarmachen, dass es kein Wettrennen ist (außer beim Slow Race). Sie werden staunen, wie schnell diese Bewegungswörter eingeprägt werden und wie viel die Kinder sich davon nachhaltig merken können.

Dieses klassische Spiel wird häufig mit immer mehr Varianten wiederholt und ist eine tolle Möglichkeit, allerlei Verben beizubringen. Die Kinder stehen in einer Reihe nebeneinander an einem Ende des Raums und müssen diesen „überqueren". Wie sie das machen, sagt ihnen die Spielleiterin auf Englisch. Beim ersten Mal Spielen wird die Bewegung noch vorgezeigt, bei wiederholtem Spielen sollten die Kinder sie kennen oder bei den andern abschauen, z. B. *walking, on tip toes, backwards, like a snake, like a butterfly, slowly, crawling, skiing, swimming, hopping, clapping* usw.

Achtung: Verben immer in der *-ing*-Form verwenden *(running, skipping, walking)*. Ältere Kinder können vorher immer fragen: *„How shall we cross?"* Lustige Variante: ein „Slow Race", dabei ist der Langsamste der Sieger.

Spielanweisungen:

Everyone line up with me along the wall. Now, we have to get across to the other side of the room. How shall we cross? Let's all cross on our tip-toes, like this. It's not a race. No, Maxi, look, like this, tip-toes. That's right ...

Spiele

Dolls house

Für dieses Spiel benötigen wir ein Puppenhaus und einfache Puppenmöbel. Das Haus wird irgendwo im Raum versteckt und die Kinder dürfen es suchen. *„Where is the house?"* Wenn es gefunden wurde, sitzen alle Kinder im Kreis um das Haus herum und bekommen jeweils ein Möbelstück oder eine Puppe. Die Kinder dürfen diese der Reihe nach ins Haus stellen und wir kommentieren, je nach gelerntem Wortschatz, das Geschehen. Scheuen Sie sich nicht vor Begriffen, die die Kinder noch nicht gelernt haben. Das Tun veranschaulicht den Kommentar derartig, dass die Kinder alles verstehen werden.

"The table is in the house.", "The bed is in the bedroom.", "Maxi, put the chair next to the table!", "The doll is sitting on the sofa.", "Where is the toilet?", "Julia, point to the roof!" usw.

Spielanweisungen:
I've hidden a doll's house somewhere in this room. Can you find it? Bring it to me. What a lovely house. It's rather empty though, isn't it? Help me put some furniture into the rooms.

Material: Puppenhaus und Puppenmöbel

Themen:
Haus, Möbel, Familie

Donkey's tail

Dafür braucht es eine Magnettafel oder eine Korkwand mit einer Zeichnung von einem Esel, Pferd oder anderem Tier. Sein Schwanz ist aus einem separaten Stück Karton ausgeschnitten, sodass er mit einem Magnet oder einer Pinnadel befestigt werden kann.

Einem Kind, das sich freiwillig meldet, werden die Augen sanft verbunden. Es bekommt den Schwanz in die Hand und versucht nun, ihn an der richtigen Stelle anzubringen. Die Lehrerin und andere Kinder dürfen mit *„up", „down", „left, „right"* helfen. Die Stelle wird gekennzeichnet und das nächste Kind darf es versuchen. Sieger ist, wer die Stelle am genauesten getroffen hat.

Spielanweisungen:
Who can pin the tail on the donkey (lion, dog ...)? Let me cover your eyes. Can you see anything? How many fingers am I holding up? I'm going to spin you round three times. Now off you go. Let's help him / her. Left a bit. No, too far. Down, right, up higher. Very close. Do you think that's it? O.K., pin the tail on. Now, let's see how close you got? Not bad. / Oh dear! Way off.

Material:
Magnettafel oder Korkwand mit Papierzeichnung des Tieres und separat ausgeschnittener Schwanz, Augenbinde

Themen:
Anweisungen, Tiere

Dressing up

Material:
Kleidungsstücke zum Anziehen

Themen:
Kleidung

Die Kleidungsstücke werden mitten in den Stehkreis gelegt. Wer ein Stück nennen kann, darf es anziehen. Achtgeben, dass sie groß genug und attraktiv sowohl für Buben als auch Mädchen sind!

Fortgeschrittene Variante: 2 Teams haben je einen Satz Kleidungsstücke, der am anderen Ende des Raums beim Spielleiter ausgebreitet wird. Die Teams nennen ein „Model“ das verkleidet werden soll und die anderen stellen sich hinten an. Bei *„Go!“* läuft jeweils ein Mitglied von jedem Team nach vorne zum Spielleiter, der den Läufern das Kleidungsstück gibt, wenn sie es richtig benennen können. Das Kleidungsstück wird zurück zum Model gebracht, wo die anderen Teammitglieder ihm helfen, es anzuziehen. Inzwischen rennt das nächste Kind um ein weiteres Stück zu holen, bis das erste Team sein Model fertig angezogen hat.

Spielanweisungen:
I'm putting some clothes in the middle here. Some trousers, a skirt, a scarf, a jumper, a T-shirt ... Now, you can put these clothes on, if you can say their name in English, like this. Hands up, who wants to try first. Julia? Yes, that's right. Scarf. Here, you can put the scarf on.

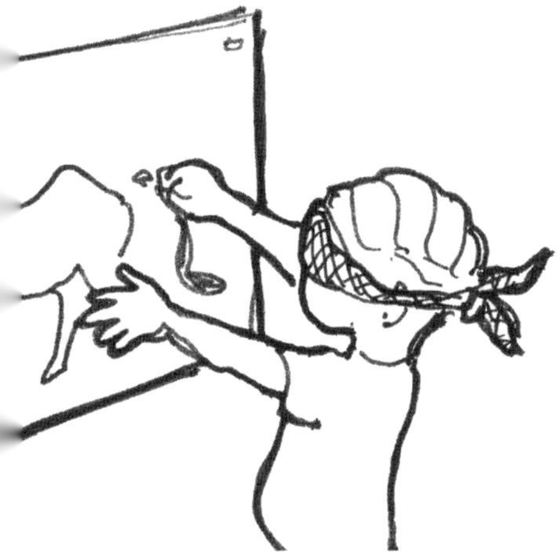

Spiele

Egg hiding

Bunt gefärbte Ostereier werden im Raum versteckt. Man kann die Kinder einfach die Eier finden lassen, worauf sie dann sagen müssen, welche Farbe sie gefunden haben („*I've found a yellow egg*"), oder man kann einfache Hinweise geben, wie „*There is a red egg behind the door. Maxi, can you find the red egg for me?*"

Die Kinder lieben es, selber die Eier zu verstecken. Man kann in Teams spielen, sich gegenseitig die Eier verstecken und anschließend zählen – auf Englisch natürlich –, wie viele Eier von jedem Team gefunden worden sind.

Spielanweisungen:
The Easter Bunny has hidden some coloured eggs. Who can find them?

Material:
bunte Ostereier

Themen:
Farben, Zahlen, Ostern

Feel guessing

Aus einer Schuhschachtel kann auf einfache Weise eine eigene Feel-Box gebastelt werden: Eine Öffnung in der Größe einer Hand in den Karton schneiden, dieses Loch mit einem dunklen Tuch von innen abdecken. In dieser Box lassen sich dann verschiedene kleine, zum Tagesthema passende Gegenstände verstecken. Die Kinder müssen die gefühlten Dinge richtig auf Englisch nennen.

Spielanweisungen:
I've got some things in the feel box. Who can guess what they are? Put your hand in here.

Material:
Feel-Box und Gegenstände

Themen:
kleine Gegenstände

Fire, water, wind

Material:
Tamburin

Themen:
beliebig

Varianten:
Variationen zu diesem Spiel sind allerlei Bewegungsarten zu einem Thema, wie z. B. Tiere. Sie müssen eindeutig und sehr einfach unterscheidbar und zudem so instinktiv passend sein, dass die Kinder nicht lang überlegen müssen, welches die ausgemachte Bewegung war.

Von einem Tamburin oder einer Trommel begleitet, laufen die Kinder im Kreis herum. Auf den Zuruf *„fire"* müssen sie sich flach auf den Boden legen, bei *„water"* zum Beispiel auf eine Bank klettern und bei *„wind"* die Wand berühren oder sich an etwas festhalten. Das Kind, das sich als Letztes rettet, scheidet jeweils aus, bis ein Sieger übrig bleibt. Dieses Spiel ist auf Deutsch als „Feuer, Wasser, Wind" bekannt.

Es sollten nicht mehr als drei bis vier Zuruf-Möglichkeiten auf einmal vorkommen. Ganz gut funktionieren auch *sleep* (liegen), *eat* (sich hinsetzen und essen), *climb a tree* (klettern). Wenn das Spiel schnell gespielt und oft wiederholt wird, ist das Ausscheiden meistens kein Drama.

Spielanweisungen:
When I play the tambourine, you all walk around. When I stop and say "fire", everyone must lie down like this. When I say "water" everyone has to get up onto the bench and when I say wind, you all have to hold on tight to something / touch the wall. The last one to do this, comes to me and helps me. We keep playing until only one is left.

Fruit salad

Material:
2 x ein Satz Bildkärtchen zum Basiswortschatz

Themen:
Wörtergruppen zu einem Thema wie Obst, Kleidung, Tiere

Tipp!
Am besten macht man vor Spielbeginn eine Vorstellungsrunde der Kärtchen, sodass jedes Kind weiß, wie sein Bild heißt und die anderen wissen, wer welches Bild hat oder welche Begriffe überhaupt im Spiel sind.

Die Kinder sitzen in einem Stuhlkreis. Die Spielleiterin steht in der Mitte und verteilt den Kindern Bildkärtchen aus dem Basiswortschatz. Jeder Begriff muss mindestens zweimal vorkommen, zum Beispiel *2 bananas, 2 oranges, 3 apples*. Die Spielleiterin ruft einen Begriff auf und alle, die dieses Kärtchen besitzen, müssen aufstehen und Plätze tauschen. Die Person in der Mitte, am Anfang ist es die Spielleiterin, versucht dabei ebenfalls einen frei gewordenen Stuhl zu ergattern, sodass das Kind, das keinen Stuhl erwischt, in der Mitte bleibt und den nächsten Begriff vorgeben darf. Wenn man *„Fruit Salad"* sagt, müssen alle den Platz tauschen.

Spielanweisungen:
Everyone take a card and hold it up, so that we can all see. When I call your fruit, you have to swap places with each other. "Apples" means all the children with apple cards get up and find another chair. If you don't find a chair, you are the next one in the middle. You can call the next group. If you say "fruit salad", everyone has to change places.

Spiele

Funny face laying

In einen gezeichneten Gesichtsumriss ein lustiges Gesicht zu legen, ist ein ganz beliebtes Spiel bei den Kindern. Ich habe einen Gesichtsumriss gezeichnet und passend dazu viele lustige Nasen, Augen, Ohren, Münder, Brillen, Haare und Bärte ausgeschnitten und laminiert. Die Kinder können entweder ein Gruppenbild legen: *„Maxi, you give it a nose. Julia you give it some eyes ..."* oder jedes Kind kann sein eigenes Bild legen. Fortgeschrittene müssen auf Englisch nennen können, was sie legen möchten. Am Schluss sagen wir alle gemeinsam *„What a funny face!"* Achtung! Hier wird viel gelacht.

Spielanweisungen:
This is a face. Let's give it some eyes. Maxi, which eyes do you want to give it? Ha, ha! Julia, you can give it a mouth ...

Material:
großes Stück Papier mit dem Umriss eines Gesichtes, viele verschiedene lustige Gesichtszüge, ausgeschnitten

Themen:
Gesicht und Gesichtszüge

Gymnastic

Hier bietet sich eine weitere Gelegenheit, unbewusstes Lernen durch das Befolgen von einfachen Anleitungen zu ermöglichen. Die Kinder konzentrieren sich auf die Bewegungen und verknüpfen sie automatisch mit den englischen Begriffen, ohne sie sich aktiv einprägen zu müssen.

Der Spaßfaktor wird erhöht und zappelige Seelen können sich ein wenig austoben.

(Bewegungswörter siehe Seite 141 / 142)

Tipp!
Bei Platzmangel oder schlicht zur Abwechslung kann jedes Kind mit einer Puppe, einem Teddybär oder Kuscheltier turnen.

Make your teddy do a head-over-heels. Can your doll do a handstand? Let's see them all do press-ups.

Hide and seek

Material:
geeignete Räumlichkeiten

Themen:
Zahlen, Verstecken und Suchen

Auf Deutsch bekannt als Verstecken spielen. Ein oder mehrere „Seeker" werden ausgesucht. Sie müssen auf Englisch bis 20 zählen (evtl. mit Hilfe), während die anderen Kinder sich verstecken (*hide*). Nach dem Zählen rufen die „Seeker" laut *„Coming, ready or not!"* und gehen auf die Suche. Dabei können sie auch rufen oder kommentieren: *„Where are you?", „I know you're there!", „I can smell you."* Beim Entdecken, sagen sie: *„I've found you!"*

Spielanweisungen:
You are the seeker. You must count to 10 (20). Everyone else goes and hides. When you have finished counting, you shout "Coming, ready or not" and then you can go and look for everyone.

Hop scotch

Material:
Kreide, Stein

Themen:
Zahlen

Mit Kreide kann ein „Tempelhüpfen" oder Himmel-und-Hölle-Muster auf den Boden gezeichnet werden. Wer spielt, wirft einen kleinen Stein auf die Zahlen 1-10, aufsteigend in der Reihenfolge, und hüpft bis zum Stein. Man muss den Stein auf einem Bein stehend aufheben, mit dem Stein in der Hand zurückhüpfen und auf die nächste Zahl zielen. Die Zahlen sollen auf Englisch laut aufgesagt und wiederholt werden. Am liebsten wird „Hop Scotch" im Freien gespielt.

Spielanweisungen:
Look at the pattern on the ground. We stand here. The first child throws a stone onto the number one. You hop, like this, to the square where the stone is. Standing on one leg, like this, you pick up the stone and hop back. Then you throw onto the two, and so on.

Spiele

Hunt the saucepan

Das beliebte Partyspiel „Topf klopfen" kann natürlich auch mit englischen Anweisungen eingesetzt werden. Der umgedrehte Topf mit einer Süßigkeit darunter wird in angemessener Reichweite versteckt. Ein Kind mit verbundenen Augen kriecht auf allen Vieren herum und schlägt mit dem Löffel, bis es den Topf trifft. Geholfen wird ihm durch Anweisungen von den anderen Kindern: *„Cold, ice cold, warm, warmer, hot, very hot".*

Spielanweisungen:
I'm going to blindfold Maxi and give him this wooden spoon. Julia and Susi, take this pot and a sweet and put it somewhere in the room, with the sweet underneath. Now, we'll turn Maxi around three times. Off you go Maxi. See if you can find the pot. Hit it with the spoon. We'll all help him, with "cold, warmer, very warm, hot" ... Yes, you've found it. You can keep the sweet. Who wants to be next?

Material:
Topf, Kochlöffel, Süßigkeiten, Augenbinde

Themen:
Wetter (heiß / kalt), Anweisungen

If it's got wings, it can fly

Zum Klatschrhythmus sprechen alle *„If it's got wings, it can fly".* Die Spielleiterin sagt dann *„A bird can fly"* und hebt flatternd die Hände in die Höhe. Wenn es stimmt, dass der Vogel fliegen kann, sollen die Kinder die gleiche Bewegung machen. Wenn nicht (*„A car can fly"*), sollen sie die Hände unten lassen. Wer die falsche Bewegung macht, scheidet aus.

Für Kindergartenkinder sollte man unbedingt die Anzahl Wörter gering halten und Bilder der besprochenen Begriffe vorliegen haben. Das Spiel macht nicht nur Spaß, sondern fördert unbewusst bereits das Sprachgefühl für den Umgang mit dem schwierigen „if" *(conditional).*

Spielanweisungen:
Here are some pictures of things that can fly and some other things that can't fly. Let's alls say "If it's got wings, it can fly" . A bird can ... fly. Do the actions like this, if you think it can fly. Now ... a house can ... fly. Who's flapping their hands? Oh Maxi. Do you think a house can fly? Sorry, but you're out for this round.

Material:
Flash Cards

Themen:
fliegende und nicht fliegende Tiere und Objekte

I like coffee, I like tea

Material:
–

Themen:
Kennenlernen

Eigentlich ist das ein Springschnurspiel aus England, aber Kindergartenkinder sind motorisch noch nicht so weit dafür. Die Kinder stehen im Kreis und geben einander die Hände. Die Spielleiterin steht in der Mitte und sagt, während die Kinder im Kreis herumgehen: *„I like coffee, I like tea. I'd like Maxi in with me."* Sie deutet auf Maxi und er kommt in die Mitte. Maxi, mit Hilfe der Spielleiterin, fährt fort: *„I like coffe, I like tea. I'd like Julia in with me."* Dann wird getauscht, d.h. Maxi geht aus der Kreismitte und Julia ruft das nächste Kind.

Spielanweisungen:
Let's hold hands in a circle and walk to the right. We all say "I like coffee, I like tea. I'd like Maxi in with me". Maxi, come into the middle. Who do you want to call? Julia? O.K., let's all say for Maxi "I like coffee, I like tea. I'd like Julia in with me". Now Maxi goes out and it's Julia's turn to call someone.

In my little weather house

Material:
2 Stühle, Regenschirm, Sonnenbrille, Sonnenhut

Themen:
Wetter

Zwei Kinder stehen auf Stühlen und machen eine Brücke mit den Händen und stellen so das Wetterhäuschen dar. Hinter dem Haus stehen ein Mädchen mit Sonnenbrille oder Sonnenhut und ein Junge mit einem Regenschirm.

Alle sagen: *„In my little weather house*
There go two people in and out.
When it's raining, there's a boy ..."

Der Junge geht unter der Brücke nach vorne und spannt den Regenschirm auf. Alle Kinder sagen: *„It's raining, it's raining"* und machen passende Handbewegungen. Der Junge geht außen um den Kreis zurück hinter das Haus. Alle sprechen weiter: *„... when it's sunny, there's a girl."* Das Mädchen geht unter der Brücke nach vorne und lächelt in die Sonne. Alle Kinder sagen: *„It's sunny, it's sunny"* und malen große Kreise in die Luft. Das Mädchen geht um den Kreis zurück hinter das Haus.

Spielanweisungen:
Who wants to be the house? Two children come and stand here and here. Now, we need a boy and a girl. You take the umbrella. You put on the hat and sunglasses. Stand behind the house. When we say "there's a boy", you come out and hold up your umbrella. Everyone else says "It's raining" and does this. When we say "there's a girl", you come out and smile at the sun. Everyone else says "It's sunny" and does this.

Spiele

I spy with my little eye

„Ich sehe was, was du nicht siehst" heißt dieses Spiel auf Deutsch. Wir sagen in Englisch: „I spy with my little eye, something that is ... red." Die Spielleiterin fängt an und die Kinder versuchen zu erraten, was sie sich ausgesucht hat. Wenn sie nicht wissen, wie die Gegenstände auf Englisch heißen, dürfen sie darauf zeigen und fragen *„Is it that?"*. Wenn ein Kind den Begriff erraten hat, darf es selber *„I spy ..."* sagen.

Material:
–

Themen:
Farben, alles Sichtbare (Nomen)

Spielanweisungen:
Do you know "Ich sehe was, was du nicht siehst"? Well, in English we play it like this: "I spy with my little eye, something that is ..." What could it be? If you think you know, point to it like this and say "Is it that?" Yes. You guessed it Julia. It's the sunflower. Now it's your turn to say "I spy". Say it with me.

Journey to London

Eine Reise wird geschildert, die die Kinder sich im Kreis bewegend mitmachen. Man kann allerlei Transportmittel einsetzen (*plane, train, boat, car, bus, bike, horse* usw.) zu denen man passende Bewegungen und Geräusche macht, und je nach Fantasie auch Begegnungen bei der Reise einsetzen (*„You arrive at Buckingham Palace, the Queen's house. There are soldiers marching up and down – march like a soldier!"*)

Material:
–

Themen:
Transportmittel, Reisen, Zahlen

Spielanweisungen:
Come with me on a journey to London. We leave by car. Vroom. The car breaks down. We get on a bus. The bus takes us to the train station. We get on a train. We go on the train ch, ch, ch *to the airport. At the airport we get on a plane. The plane takes off, weeeee. Up, up, up into the clouds. We look down at the tiny people, cars and houses below. Now the plane comes into land. We get off the plane and get onto a motorbike. We take the motorbike to the seaside. There is a boat waiting for us. We go by boat across the sea. There are big waves in the sea. It's very bumpy. We fall into the sea and have to swim to the shore. There is a bicycle waiting for us. We go by bike through the countryside. It's very hilly,* huff puff. *We see a horse. We get off the bike and mount the horse. We ride the horse,* clip clop, *to London. It's the day of the London Marathon. We all run in the Marathon ...*

Kim´s game

Material:
kleine Gegenstände oder Flash Cards

Themen:
alle

Die Kinder betrachten zuerst die Dinge, die vor ihnen ausgebreitet sind. Sie drehen sich um, gehen aus dem Raum oder machen die Augen einfach zu. Die Spielleiterin nimmt unbemerkt einen Gegenstand weg und fordert die Kinder auf, sich die veränderte Situation genau anzuschauen. Nun sollen sie herausfinden, welches Objekt fehlt. Um den Schwierigkeitsgrad zu erhöhen, können auch mehrere Dinge entfernt oder einzelne Sachen vertauscht werden.

Das Spiel wird am besten mit Gegenständen aus der Surprise Box oder mit Flash Cards gespielt. Ich empfehle nicht mehr als 6 Stück, es sei denn, es sind sehr vertraute Sachen.

Spielanweisungen:
Here are 6 things we've just learnt. Everyone close their eyes. I'm taking one thing away. Now, open your eyes everyone. What is missing?
Julia, please go out of the room. Maxi, swap two things. Julia, come back in and tell us which two things have changed place.

Knife, fork, spoon

Material:
–

Themen:
Besteck, Essen

Dieses Spiel funktioniert ähnlich wie „Schere, Stein, Papier" . Vor dem Spiel müssen die Wörter mit echten Gegenständen beigebracht werden, so dass die Kinder verstehen, was die Handformen wirklich bedeuten. Die Kinder sitzen mit einer Hand hinter dem Rücken. Wir sagen alle *„Knife, fork, spoon, knife, fork, spoon. Go!"* Gleichzeitig zeigen alle ihre Hand, entweder wie eine Gabel, ein Messer oder ein Löffel geformt. Gabel schlägt Messer, Messer schlägt Löffel – *fork beats knife, knife beats spoon.* Man kann das Spiel in Gruppen oder Paaren spielen. Statt Gabel gewinnt, kann auch ausgemacht werden, dass alle Spieler mit dem Stück, das am häufigsten vorkommt, gewinnen.

Spielanweisungen:
Show me a knife! Yes. Now a fork. And a spoon. Put your hand behind your back and make one of these with your hand. We all say "Knife, fork, spoon. Knife, fork, spoon. Go!" On "Go", everyone brings their hand forward and shows what they have. No cheating! Don't change at the last minute. What have we got? Maxi, you've got a spoon. Julia, you have a knife. Karl-Heinz, you have a knife too. ... How many spoons have we? Let's count them, 1, 2, 3. And forks ... And knives. It looks like the knives have won.

Spiele

Laying a house

Wir brauchen viele Bauklötzen, die an die Kinder verteilt werden. Es kann in Gruppen oder einzeln gearbeitet werden. Die Spielleiterin fängt an und zeigt den Kindern, wie sie einen Hausumriss flach auf den Boden legt, anfangs ohne zu sagen, was daraus werden soll. Wenn die Kinder es erraten haben, sollen sie die Form nachlegen. Dabei kommentiert die Spielleiterin die Handlungen: *„Let's all build a house. First the walls, then the roof and then the chimney. Let's give it a door and then some windows. What a lovely house!"* Um das Verständnis zu kontrollieren, geht die Spielleiterin anschließend zu jedem Kind und stellt einige Fragen zu seinem Haus: *„What a lovely big house! Show me your roof, Maxi! How many windows has your house got, Julia? Where's the door? Have you got a chimney?"*

Spielanweisungen:
Here are some building blocks for everyone. I'm going to lay mine like this. What does that look like? Yes, that's right. It's a house. Now you have a go. Lay a house.

Material:
Bauklötze

Themen:
Haus

Tipp!
Achtung! Das fertige Haus nicht so schnell wieder wegräumen. Die Kinder sind meist sehr stolz auf ihr Handwerk. Werden die Häuser fotografiert, können sie auch später noch als Vorlage für ähnliche Sprechanlässe dienen.

Little bee, come to me

Ein Kind spielt die Biene. Die anderen Kinder sind die Blumen und halten ausgeschnittene Blüten in jeweils unterschiedlichen Farben hoch. Die Kinder sagen: *„Little bee, little bee, come to me!"* Die Lehrerin fragt die Biene *„Which colour flower do you want?"* und die Biene nennt eine Farbe und fliegt zur entsprechenden Blume. Diese Blume ist jetzt die Biene und das Spiel geht so weiter, bis alle dran waren. Es kann auch so gespielt werden, dass die Biene eine Süßigkeit bei der Blume abholt. Vielen Dank an Liesel Wichmann für dieses entzückende Spiel.

Spielanweisungen:
Who wants to play the bee? Everyone else is a flower. Choose some petals. Which colour do you want? All the flowers say "Little bee, little bee, come to me!" The bee must say a colour and fly to the flower he has chosen. That flower is now the bee.

Material:
Papierblumen in allen Farben für jedes Kind, evtl. Süßigkeiten.

Themen:
Biene, Blumen, Farben

Nature trail

Material:
Garten

Themen:
Natur

In den warmen Jahreszeiten, wenn die Naturthemen vorkommen, ist es wunderbar in den Garten hinauszugehen, um den Dingen „live" zu begegnen.

Wir machen einen Rundgang, auf dem die Erzieherin laufend kommentiert, was gerade zu sehen ist: *„Look! A ladybird with 6 spots"*, oder man kann die Kinder schicken, um gewisse Sachen zu finden. *„Find five leaves, two flowers"*. Als weitere Variante kann Vocabulary Dash draußen gespielt werden. Die Kinder müssen auf Zurufen zum Baum, einem Busch oder einer Blume laufen. Wer der Fantasie freien Lauf lässt, kann sich unzählige andere Aktivitäten ausdenken.

Wie wär's zum Beispiel mit Turnen im Gras, der pantomimischen Darstellung einer wachsenden Blume, eines Schmetterlings, von Fröschen oder Hasen? Als Wettbewerb können weitere Aufgaben gestellt werden: *„Who can find the biggest leaf?", „Who can catch a spider?"*

Spielanweisungen:
Let's go out in the garden and see what we can see.

Number jump

Material:
10 bis 30 große, laminierte Kärtchen oder Gummimatten, ein (großer) Würfel

Themen:
Zahlen, Spielwortschatz (siehe Seite 105, Anfang des Kapitels)

Tipp!
Laminierte Kärtchen rutschfrei und gut befestigen.

Kärtchen oder Matten werden im Raum ausgelegt, so weit von einander entfernt, dass die Kinder von einem zum anderen springen können. Alle stellen sich am Start an und würfeln. Wer die höchste Zahl würfelt, darf anfangen und gleich nochmals würfeln. Diese Zahl muss richtig vom Kind gesagt werden, dann darf es entsprechend viele Kärtchen vorwärts springen und stehen bleiben. Für jüngere Kinder sollte man gemeinsam die Punkte am Würfel laut vorzählen und auch beim Springen einander helfen. Das Spiel endet, wenn das erste Kind auf dem letzten Kärtchen angekommen ist.

Spielanweisungen:
Let's throw a dice, to see who begins. Now Julia, you throw. Oh, what number is that? Yes, that's right, a "2". You can jump two squares (mats / cards / spaces). One, two. Now it's your turn, to throw the dice Maxi.

Spiele

Simon says

Dieses klassische Spiel ist ein absoluter Liebling bei den Schulkindern. Die Kinder müssen Befehle ausführen, aber nur, wenn diese mit „Simon says ..." anfangen. Wer Befehle ohne *„Simon says ..."* ausführt oder Simon's Befehle nicht ausführt, scheidet aus. Für Kindergartenkinder ist das Spiel in dieser Version nicht geeignet. Sie sehen diese Differenzierung noch nicht und verstehen folglich auch nicht, warum sie für etwas bestraft werden, das sie doch richtig gemacht haben. Ich spiele *„Simon says ..."* im Kindergarten als Lightversion und fange immer mit *„Simon says ..."* an. Ich lasse nur diejenigen ausscheiden, die nicht folgen. Um es noch lustiger zu machen, können Befehle kombiniert werden: *„Stand on one leg, clap your hands and nod your head!"*

Spielanweisungen:
Stand up everyone. When I say "Simon says, touch your nose!" you must all touch your noses. If you don't do it, you're out and must sit down. Let's do a trial run, a "Proberunde".

Material:
–

Themen:
Bewegungen, Dinge im Raum

Variante:
Anstatt *„Simon says"* kann man *„Please"* einsetzen

Sit down!

Die Kinder stehen in einem Kreis. Mit Hilfe der Erzieherin werden die Wochentage der Reihe nach durchgesagt. Maxi sagt *„Monday"*, Julia *„Tuesday"* usw. Das Kind, das *„Sunday"* sagt, darf sich hinsetzen. Nach ihm geht es mit *„Monday"* wieder im Kreis weiter bis nur noch ein Kind übrig bleibt. Dieses Kind muss dann alle Tage aufsagen und darf sich anschließend ebenfalls setzten. Die Wochentage sind für Kindergartenkinder schwer, aber das Spiel ist sehr beliebt. Eine Variante mit Zahlen ist leichter und flexibler, weil man je nach Gruppengröße die Zielzahl auswählen kann, z. B. 5 oder 10.

Spielanweisungen:
Let's practise counting to five. Maxi, you begin, "one". Julia, "two", Muhammed, "three", David, "four" and Lisa "five". Lisa, because you said five, you can sit down. Let's carry on. Sara, start with "one" again, now Esra, "two", Maxi, "three" and now Julia "five". Sit down. When someone says "five", we all say "sit down!"

Material:
–

Themen:
Wörtergruppen, die eine eindeutige Reihenfolge haben: Wochentage, Monate, Jahreszeiten, Zahlen

Smarties

Material:
Smarties, M&M's oder Ähnliches

Themen:
Farben

Das ist eine äußert motivierende Aktivität zum Farben lernen. Wir brauchen ein Päckchen Smarties, M&M's oder ähnliche bunte Süßigkeiten. Die Spielleiterin lässt die Kinder danach fragen, ob sie eines haben können: *„A red one, please."* Ich bestehe immer auch auf ein anschließendes *„Thank you"*. Was jedes Kind gesammelt hat, darf es natürlich nachher aufessen. Selbstverständlich soll dieses Spiel nur mit Maß eingesetzt werden, sodass Süßigkeiten etwas Besonderes bleiben und kein Kind im Kindergarten zu viel Schokolade zu essen bekommt.

Man kann auch die Smarties zählen lassen, siehe Counting tasks Seite 112.

Spielanweisungen:
I've got some coloured sweets here. If you can tell me a colour, you can have that sweet. Maxi, what colour sweet do you want? O.K. you can have the red one. Don't eat it now. Wait until the end.

Spoon grabbing

Material:
Plastiklöffel oder andere Gegenstände

Themen:
Wörtergruppen zu einem Thema wie Obst, Kleidung, Tiere

Die Kinder sitzen in einem Kreis. In der Mitte sind Plastiklöffel ausgelegt, man benötigt einen Löffel weniger als Kinder mitspielen. Die Spielleiterin spricht diverse Wörter, die entweder zum vorgegebenen Thema passen oder nicht. Passt das Wort nicht zum Thema, müssen alle still sitzen bleiben. Wenn das Wort zum Thema passt, müssen die Kinder schnell einen Löffel ergreifen. Das Kind ohne Löffel scheidet aus und darf anschließend das neue Wort sagen. Alle Löffel, bis auf einen, werden zurück in die Mitte gelegt. Es wird so weiter gespielt, bis ein Kind als Sieger übrig bleibt.

Spielanweisungen:
Look at the flash cards. They are all pictures of animals. Here are some spoons for everyone. Take one and put it in the middle. Now, I'm going to take one spoon away. When I say the name of an animal, everyone has to try to grab a spoon. If you don't get a spoon, you are out. Sometimes I may say the name of something that is not an animal. If you grab a spoon then, you are out too, so listen very carefully. Off we go: "horse". Maxi, you were too slow. Come to me. Everyone put their spoons back into the middle. Maxi come and take one more spoon away. "Ice cream". Oh oh! Julia. Ice cream is not an animal. Bring me your spoon and come and sit here. Julia, do you want to say an animal word?

Spiele

Sticky chain

Dieses Spiel ist extrem lustig, aber Kinder, die Körperkontakt scheuen, sollen nicht gezwungen werden, mitzumachen.

Wir stellen uns vor, unsere Hände wären klebrig. Es können vorher pantomimisch die Hände mit Klebstoff bestrichen werden. Dann stellt sich das erste Kind am Anfang einer Reihe auf. Das nächste Kind zieht eine Karte aus dem Stapel aller Körperwörter (Flash Cards) und spricht den Begriff auf Englisch aus. Wenn z. B. „shoulder" gezogen wird, muss das zweite Kind seine Hand auf die Schulter des ersten Kindes legen: *„Maxi, your hand is stuck to Julia's shoulder."* Das nächste Kind zieht wieder eine Karte und legt seine Hand auf die entsprechende Körperstelle des vorderen Kindes. Das geht so weiter, bis alle in einer Reihe stehen. Manchmal werden einzelne ihr Gleichgewicht verlieren und die Kette bricht zusammen. Man kann auch einen Kreis bilden und das erste Kind auch eine Karte ziehen lassen.

Spielanweisungen:
Come to me. I'm going to pretend to put some glue on your right hand. Maxi, come and stand here. Julia, pick a card. Which body part is that? Shoulder? O.K., put your right hand on Maxi's shoulder. Oh no! It's stuck. Stay where you are. Andreas, take a card. What is that? Knee? Put your right hand on Julia's knee. Oh no! That's stuck too. Stay where you are ...

Material:
Flash Cards mit Bildern von Körperteilen

Themen:
Körper

Hinweis:
Bei der Auswahl der Flash Cards unbedingt darauf achten, dass nur „harmlose" und auch anfassbare Körperteile zum Spiel gehören.

Suitcase packing

Material:
Gegenstände und Koffer

Themen:
kleine Gegenstände, Urlaub, Reisen, Schule

Tipp!
Die Kinder sich so im Kreis hinsetzen lassen, dass die älteren am Schluss dran sind.

Auch ein Klassiker, der sich sehr gut für das Sprach- und Gedächtnistraining eignet. Die Spielleiterin verteilt diverse, zum Thema passende Gegenstände unter den Kindern und nimmt einen Koffer, der sich leicht öffnen und schließen lässt. Sie sagt: *„There's a book in the suitcase."* , und legt ein Buch hinein. Das nächste Kind legt eine Haarbürste dazu und sagt: *„There's a hairbrush and a book in the suitcase."* Es geht so weiter bis alles drinnen ist und alles richtig aufgezählt worden ist.

Die Spielleiterin kann die Kinder ruhig unterstützen, indem sie bei jeder Aufzählung mitspricht.

Mit mehr als 10 Gegenständen zu spielen, wird schwierig, es sei denn, sie sind sehr homogen (*red pen, yellow pen, blue pen*).

Spielanweisungen:
Look at all these things. I'm going on holiday and I want to pack them all into my suitcase. Maxi, choose one thing and put it in the suitcase. Close the suitcase. What's in the suitcase? Yes, there's a sponge in the suitcase. Now Julia, you put something in. What's in the suitcase now? That's right, there's a sponge and a toothbrush in the suitcase ... It's getting more difficult.

Taste and smell guessing

Material:
Messer, Behälter, Lebensmittel, Getränke, Augenbinde

Themen:
Obst, Essen, Getränke

Tipp!
Aufpassen, dass die Behälter neutral riechen.

Lebensmittel werden in kleine Stücke geschnitten und in verschließbare Behälter gefüllt. Mit verbundenen Augen dürfen die Kinder versuchen, das Essen zu erraten, zuerst durch Riechen, dann durch Kosten. Sie sollen das Lebensmittel auf Englisch nennen können. Obst kommt bei diesem Spiel immer sehr gut an. Kindergartenkinder haben einen sehr ausgeprägten Geruchssinn.

Spielanweisungen:
Who would like to try and guess what this is? Maxi, have a smell. What does it smell like? You don't know? Well, try and taste it. What does it taste like? You think it's an orange? You're right.

Spiele

Tea party acting

Am Tisch oder im Kreis sitzend spielen wir das Einschenken und Trinken von Tee und anderen Getränke sowie das Schneiden und Essen von Kuchen. Folgender Dialog wird dabei geübt.

"It's tea time. Would you like a cup of tea?"
"Yes please."
"With milk?"
"No, thank you."
"And sugar?"
"Yes please"
"How about a piece of cake?"
"Oh yes please."
"Here you are."
"Thank you. That's lovely."

Material:
Puppengeschirr, evtl. echter Kuchen

Themen:
Essen

Traffic lights

Zu Beginn wird den Kindern erzählt, sie seien alle Autofahrer, *car drivers*. Die Kinder bewegen sich entweder frei im Raum oder in einer Schlange hintereinander. Die Erzieherin ruft laut *„stop!"* und hält die rote Karte hoch. Die Kinder bleiben stehen und sprechen ihr nach: *„stop!"* Bei *„get ready"* zeigt die Spielleiterin die gelbe Karte und die Kinder beginnen, auf der Stelle zu gehen. Sie sagen: *„get ready"*. Bei *„go"* wird die grüne Karte gezeigt und alle Kinder dürfen wieder herumgehen. Verschiedene Verkehrsmittel einsetzen: Bus, Traktor, Fahrrad.

Für ältere Kinder kann man die Anweisungen *left, right* und *straight ahead* hinzufügen. Wenn die Kinder in einer Schlange gehen, kann nach jedem Befehl gewechselt werden, indem sich das vorderste Kind hinten anschließt. Noch weiter ausgebaut kann das Spiel werden, wenn ein „zebra crossing" dargestellt wird. Dabei lässt man einige Kinder Fußgänger spielen und sagt zum Beispiel: *„Grandma goes very slowly over the zebra crossing."*

Spielanweisungen:
You are all car drivers. Drive your cars around town. I'm the traffic lights. When I hold up the red card and say "stop", you must all shout "stop" too and stay where you are. When I show the yellow card, you must all say "get ready" and run on one spot. When I show the green card, you must all shout "go" and then you can drive around again. Be careful. We don't want any accidents.

Material:
Flash Cards rot, gelb, grün

Themen:
Anweisungen, Verkehrsmittel, Farben (red, yellow, green)

Variante:
Kinder, die eine Anweisung falsch ausführen, scheiden aus.

Vocabulary dash

Material:
Flash Cards oder entsprechende Gegenstände

Themen:
alle

Tipp!
Immer die gleiche Musik spielen, sodass sich Vocabulary Dash zu einem Ritual entwickelt.

Achtung! Im Voraus sollten sehr deutlich die Disziplinregeln besprochen werden, z. B. nicht stoßen, nicht auf die Karten stehen.

Varianten:
Gegenstände statt Karten
Die Kinder übernehmen abwechselnd die Spielleitung
Körperbewegungen statt Karten, z. B. *touch your nose, point to the window, be a snake*

Dieses Spiel ist ein Dauerbrenner, den die Kinder immer wieder verlangen. Es kann für alle Themen eingesetzt werden.

Grundspiel:
5 bis 10 Flash Cards werden im Kreis oder im Raum verteilt ausgelegt. Die Spielleiterin spielt Musik, während die Kinder im Kreis oder Raum herum gehen, laufen, tanzen oder hüpfen. Stoppt die Musik, nennt die Spielleiterin einen Begriff von den Karten und alle Kinder müssen zur richtigen Karte laufen.

Kinder, die noch nicht verstanden haben, wie die Karten richtig heißen, können nachlaufen, sind immer noch am Spaß beteiligt und lernen vom Abschauen. Kinder, die falsch stehen, werden nicht angesprochen, auch wenn es offensichtlich ist, dass sie mit ihrer Wahl für Aufmerksamkeit sorgen wollen, sondern es werden die, die richtig stehen, gelobt: *„That's right Andrea and Martin and Jessica. That's the lion."* Wenn alle bei der betreffenden Karte angekommen sind, schauen wir gemeinsam das Bild an und sprechen das passende Wort nach. Dann wird die Musik fortgesetzt. Es ist kein Ausscheidungs- oder Wettspiel.

Am Schluss werden die Karten eingesammelt durch die Aufforderung: *„Bring me the lion, Julia."* Dies dient als Wiederholung und Verständniskontrolle, dabei können auch Kinder beobachtet oder aufgefordert werden, die im Spiel eher Mitläufer waren.

Spielanweisungen:
Siehe Rahmendialog Seite 23

Spiele

Waking up and going to sleep

Wir spielen einen Tagesablauf nach.

Spielanweisungen:
Let's pretend to be a asleep. Ring, ring ... You wake up in the morning. You go to the bathroom and wash your face and comb your hair. You put your clothes on. Then you eat breakfast and brush your teeth. Then you go to Kindergarden and play with your friends. You come home from Kindergarden and eat your lunch. Then you play with your toys. Then you eat dinner and brush your teeth afterwards. You put on your pyjamas and go to bed. Mummy reads you a story. You give her a kiss, and say "Night, night" and go to sleep.

Material:
–

Themen:
Haus, Kleidung

Waterman

Der Waterman steht an einem Ende des Raums, die übrigen Kinder stehen ihm am andern Ende in einer Reihe gegenüber. Sie rufen ihm zu: „*Waterman, waterman, what colour do you want?*" Er antwortet mit einer Farbe auf Englisch. Kinder, die diese Farbe in ihrer Kleidung haben, haben freie Fahrt zum Waterman und wechseln gemütlich auf die andere Seite. Alle anderen müssen laufen und können vom Waterman gefangen werden. Der erste Gefangene ist der nächste Waterman.

Spielanweisungen:
Everyone stand in a line here. Who wants to be the first waterman? O.K. Maxi, you come and stand here. Everyone calls out "Waterman, waterman, what colour do you want?" Maxi, you say a colour. If they are wearing that colour, they may walk across to you. If not, you can chase them. The first one you catch, is the next waterman.

Material:
–

Themen:
Farben, Kleidung, Körper

Varianten:
bestimmte Kleidungsstücke auswählen, Augen- und Haarfarben

What's the time, Mr. Wolf?

Material:
Karten mit den Zahlen von 1 bis 12 (oder Bilder mit anderen Begriffen), um das Zählen und Gehen zu erleichtern

Themen:
Zählen, die Uhr (einfach), Wörter mit eindeutiger Reihenfolge

Varianten:
andere Wörter, die eine eindeutige Reihenfolge haben: Wochentage, Tageszeiten, Monate, Zahlen

Der Wolf steht an einem Ende des Raums, die übrigen Kinder stehen ihm am anderen Ende in einer Reihe gegenüber. Sie rufen ihm zu: *„What's the time Mr. Wolf?"* Er antwortet mit einer Zeit zwischen one o'clock und twelve o'clock und dreht sich um. In der Zeit, die er weggedreht ist, kommen die Kinder schrittweise nach vorne und zählen dabei die Zeit *„one o'clock* (erster Schritt), *two o'clock* (zweiter Schritt), *three o'clock* (dritter Schritt)". Wenn der Wolf sich wieder umdreht, müssen die Kinder wie eingefroren stehen bleiben. Wer wackelt oder weitergeht, muss zurück zum Start. Der erste, der so weit kommt, dass er den Wolf berührt, wird der nächste Wolf.

Spielanweisungen:
Everyone stand in a line here. Who wants to be the first Mr. Wolf? O.K. Maxi, you come and stand here. Everyone else calls out "What's the time Mr. Wolf?". Maxi, you say a time, like "three o'clock" and turn away. While your back is turned, the others walk up to you, saying, "one o'clock, two o'clock, three o'clock." When you turn around, they must all stand absolutely still. If they wobble, they have to go back to the start. Then we carry on, until you say twelve o'clock. The first one to touch Maxi is the next Mr. Wolf.

Übungen

Wörtertraining mit den Flash Cards

Das Wörtertraining mit den Flash Cards ist Bestandteil jeder Stunde und dient der Präsentation und Einprägung der Basiswörter mittels Flash Cards.

Es beginnt jeweils mit der ersten Karte, die üblicherweise auch als Gegenstand in der Surprise Box vorgekommen ist. Sie wird reihum von Kind zu Kind gereicht. Wenn das Kind die Karte in der Hand hält, darf es das Wort dazu nachsprechen. Die Lehrerin wiederholt immer wieder das Wort zwischendurch – sehr deutlich – mal lang, mal kurz und in unterschiedlichen Tonlagen, damit alle es richtig hören können. Wenn diese Übung mit verstärkendem Lob angefangen wird, werden die Kinder begeistert mitmachen. Falls die Aussprache der Kinder falsch ist, sollte man nicht kritisieren, sondern das Wort betont korrekt erneut sprechen und jedem Kind eine zweite Chance geben, es zu versuchen. Schüchterne Kinder sollen nicht gezwungen werden, aber Kinder die diese Übung nicht ernst nehmen, sollen sanft ermahnt werden, es doch richtig zu versuchen, und dann großes Lob dafür bekommen, wenn sie mitmachen. Am Schluss wird die Karte in die Mitte des Sitzkreises gelegt. Danach wird in umgekehrter Reihenfolge die nächste Karte weitergereicht und der Begriff dazu ausgesprochen, bis alle Karten der Wörtergruppe in der Mitte aufliegen. Jedes Mal, wenn eine Karte hingelegt wird, werden alle Wörter der bereits im Kreis liegenden Karten in unterschiedlicher Reihenfolge wiederholt.

Nun können einige der folgenden Übungen zur Festigung durchgeführt werden. Dabei kann auch die Handpuppe eine Rolle spielen. Sie darf die Kinder fragen: *„Which card?"* und loben *„Well done!", „That's right!"*

Chant

Die Wörter werden *chant*-artig gesprochen, unterstützt von Klatschen, entweder zwischendurch oder passend zu den Silben. Schwierige Wörter sollte man oft wiederholen, *„squi-rrel, squi-rrel, squi-rrel"* bis sie gelingen.

Eine Karte entfernen

Die Lehrerin / Handpuppe sagt den Kindern *„Close your eyes!"* und entfernt eine Karte. Dann sagt sie: *„Now, open your eyes! What's missing?"* Wer die fehlende Karte als Erstes errät, darf die nächste Karte entfernen.

Platz tauschen

Das wird ähnlich gespielt wie „Eine Karte entfernen", nur werden hier jeweils zwei Karten getauscht.
„Which two cards have swapped places?"

Anweisungen

Die Lehrerin oder Handpuppe gibt Anweisungen, wie *"Maxi, point to the tree card!"* oder *„Give me the apple card, Julia!"*

Übungen

Echo

Ein Kind sucht ein Bild aus und spricht das passende Wort laut aus. Sein Nachbar spricht ihm schnell nach und dann der Nächste und so weiter.

Erraten

Die Flash Cards werden mit der Bildseite nach unten hingelegt oder zugedeckt und die Kinder versuchen zu erraten, welches Bild zum Vorschein kommen könnte. Wenn z. B. *cat* vorgeschlagen wird und beim Aufdecken zeigt die Karte den Hund, dann muss zusammen überlegt werden, ob das nun stimmt und passt oder nicht. Zusammen sagen alle Kinder den richtigen Begriff. Bei mehreren Karten sollte man zu Beginn alle Begriffe aufzählen und einprägen, bevor sie zugedeckt werden. Aufmerksame Kinder können sich merken, welche Begriffe schon aufgedeckt wurden und schlagen *dog* im weiteren Spielverlauf nicht mehr vor.

Flaschendrehen

Die Flash Cards werden im Kreis ausgelegt und eine Flasche wird in der Mitte gedreht. Wenn die Flasche still steht, muss ein Kind den Begriff nennen, worauf die Flasche gerade deutet.

Falsche Angaben

Die Lehrerin oder Handpuppe deutet auf eine Karte und benennt sie falsch oder stellt eine Frage: *„Is this a bee?"* Die Kinder müssen *„No"* oder *„No, it isn't"* antworten. Nach einigen Fragen sollte das richtige Wort verwendet werden und die Kinder können *„Yes"* oder *„Yes, it is"* sagen . Hier kann ein lustiger Dialog mit der Handpuppe entstehen.

Lehrerin:	*„Look, here's a bee!"*
Handpuppe:	*„Don't be silly! That's not a bee."*
Lehrerin:	*„Oh really. What is it then?"*
Handpuppe:	*„It's a flower, of course."*

Die Kinder werden sehr rasch beginnen, die Lehrerin zu verbessern, wie die Handpuppe!

KAPITEL 6

GESCHICHTEN / STORIES

In diesem Kapitel finden Sie eine Liste von Büchern und kurzen Geschichten, die wunderbar für Englisch im Kindergarten geeignet sind. Alle Geschichten, die als Vorschläge in den Unterrichtseinheiten vorkommen, sind hier aufgelistet. Siehe Kapitel 3, Punkt 9, Geschichten.

Auch wenn viele bekannte Kinderbücher durchaus als deutsche Übersetzung erhältlich sind, empfiehlt es sich für den Einsatz mit Little Ones die englische Originalfassung zu benützen (The very hungry caterpillar oder Guess how much I love you). Das schafft eine Authentizität, welcher die Kinder mit ihrer natürlichen Neugierde begegnen können. Viele der empfohlenen Bücher sind besonders beliebt, weil sie zum Aufklappen oder Anfasssen sind.

Auch außerhalb der Englischstunden können die englischen Bücher ausgelegt, vorgelesen, und wiederholt werden oder man kann nochmals daraus erzählen. Lassen Sie die Bilder für sich sprechen und übersetzen Sie so wenig wie möglich.

Tipp! Einige der Geschichten lassen sich sehr gut für eine Aufführung adaptieren (The enormous turnip).

Living Stories

Die ersten Geschichten, die laut Unterrichtseinheiten zum Einsatz kommen, sind kurze Reime oder Lieder, die durch große Bilder und ausgeschnittene Figuren veranschaulicht und nachgespielt werden. Die Living Stories genießen große Beliebtheit, weil sie anschaulich, lebendig und sehr einfach sind und den Kindern die Möglichkeit zum Mitmachen bieten.

Die Bilder und Figuren zu den Living Stories sind im Flash-Cards-Paket enthalten (Bestell-Nr. 141 27). Sie müssen nur noch ausgeschnitten werden und können nach Bedarf laminiert werden. Somit sind sie sofort einsatzbereit. Selbstverständlich können Sie sich auch eigene Kulissen und Figuren bauen um die Geschichten nachzuspielen. Bestimmt helfen die Kinder beim Basteln gern mit.

Baa baa black sheep (Text S. 85)

Tipp!

- Bilder an die Kinder verteilen. Sie sollen gut aufpassen und ihr Bild zeigen, wenn es im Lied vorkommt.

Five little speckled frogs (Text Seite 96)

Tipp!

- Alle Frösche auf den Baumstamm legen. Sobald im Lied ein Frosch in den Teich springt, darf ein Kind einen Frosch nehmen und ins Wasser hüpfen lassen. Die übrig gebliebenen Frösche zählen, dann beginnt die nächste Strophe.

Humpty Dumpty (Text Seite 87)

Vorbereitung:

Die Humpty-Dumpty-Figur gezackt in der Mitte auseinanderschneiden und an einer Seite mit einer Klammer wieder zusammenheften. Am Anfang die beiden Teile zusammenhalten, dann, wenn er runter fällt, loslassen und Humpty Dumpty liegt kaputt auf dem Boden.

Jack and Jill (Text Seite 89)

Tipp!

- Zwei Kinder lassen Jack und Jill den Hügel hinaufgehen. Dann rollt Jack den Hügel hinunter und Jill purzelt hinterher.

Ten fat sausages sizzling in a pan (Text Seite 102)

Vorbereitung:

Die Würstchen einzeln ausschneiden.

Tipp!

- Eine echte Pfanne oder eine aus der Spielküche verwenden.
- Zählen und Rechnen lässt sich hier gut üben und wiederholen.

Ten green bottles (Text S. 91)

Tipps!

- Die Humpty Dumpty Mauer kann als 'wall' fungieren.
- Zwischendrin immer wieder die Flaschen gemeinsam zählen, dann erst weitersingen
- Als Bewegungslied spielen: Die Kinder spielen die Flaschen, die zu Boden fallen.

Bilderbücher

Ronne Randall, Fran Thatcher:
Cinderella: A Magic 3-Dimensional Fairy-Tale World. Sterling Publishing 2006

Verena Chavanne:
Cool Stories, Geschichten von „Dirty Sue" und „The Worm". öbvhpt 2001
Tipps!
Ein laminiertes Bild von Sue verwenden, die schmutzigen Stellen während der Geschichte mit einem Whiteboard Marker anmalen. Wenn Sue sich wäscht, wischen die Kinder die Farbe weg.
The Worm: Den Wurm mit dem Zeigefinger spielen.

Rod Campbell:
Dear Zoo. Little Simon Merchandise 2007

Eric Carle:

- Do you want to be my friend? HarperTrophy 1987
- The very hungry caterpillar. Penguin 1974

Estelle Corke:
Goldilocks and the three bears. Child's Play 2005

Sam McBratney, Anita Jeram:
Guess how much I love you. Walker Books 2006

Emma Dodd:

- Jack and the beanstalk. Ladybird Books 2004
- Little red hen. Ladybird Books 2007
- Little red riding hood. Ladybird Books 2007
- The elves and the shoemaker. Ladybird Books 2007
- The enormous turnip. Ladybird Books 2007
- The gingerbread man. Ladybird Books 2007
- Three little pigs. Ladybird Books 2007

Julie Sykes, Tim Warnes:
Little tiger books. Little Tiger Press 2003
Tipp!
Es gibt mehrere Geschichten vom entzückenden Little Tiger, die alle ganz toll für Englisch im Kindergarten geeignet sind. Hier ist eine, die ich gerne vorlese: Bathtime, Little Tiger.

Martin Waddell, Patrick Benson:
Owl babies. Walker Books 2006

Eric Hill:

- Where's Spot? Penguin 2001
- Spot goes to the farm. Frederick Warne 2003
- Spot's first Christmas. Puffin Books 2004
- Spot's first Easter. Puffin Books 2004
- Spot's Halloween. Frederick Warne 2003

Sally Anne Lambert:
The magic toy shop. DK Publishing 2007

Raymond Briggs:
The snowman. Random House Childrens Books 1995

Judith Kerr:
The tiger who came to tea. Harpercollins 1992

KAPITEL 7

VOKABELN / VOCABULARY

Allgemeine Redewendungen und Anweisungen

hallo / hello	Hallo, guten Tag
how do you do?	guten Tag, erfreut, grüß dich, angenehm, grüß Gott
goodbye / bye-bye	auf Wiedersehen / tschüss
see you next week	bis nächste Woche
how are you today?	wie geht es dir heute?
I'm fine	mir geht es gut
I'm not so good	mir geht es nicht sehr gut
what's your name?	wie heißt du?
I'm Maxi / My name's Maxi	ich heiße Maxi
please	bitte
thank you (very much)	danke (schön)
yes, no	ja, nein
say after me	sag mir nach / sagt mir nach
in a circle	im Kreis
line-up	stell dich an! / stellt euch an!
in a row	in einer Reihe
hold hands	Hände halten
touch	berühren
be quiet	sei leise! / seid leise!
again	noch eimal
sing with me	sing mit mir / singt mit mir
come with me	komm(t) mit mir
it's fun	das macht Spaß
it's funny	das ist lustig
let's play a game	lass(t) uns ein Spiel spielen
boy	Junge
girl	Mädchen
everyone, everybody	alle
teacher	Lehrerin / Lehrer
ready	fertig
try again	versuche es noch einmal
where is?	wo ist?
I don't know	ich weiß es nicht
look at ...	schau mal, guck mal
hiding	verstecken
who?	wer?
here's	hier ist
is it ...?	ist es ...?
it's story time	es ist Zeit für eine Geschichte
in pairs	paarweise
in teams	in Gruppen
give me five!	mit einer Hand abklatschen, als Zeichen der Begeisterung
that's great	das ist toll, großartig
terrific	fantastisch
brilliant	brilliant
excellent	exzellent
perfect	perfekt
just right	genau richtig
that's bad	schade
well done!	gut gemacht
hold on tight!	halte dich fest / haltet euch fest
stop it!	aufhören!
stop	anhalten
go	weiter
hands and face	Hände und Gesicht
round and round	rundherum
up and down	auf und ab
open and shut	auf und zu
can I go to the toilet please?	darf ich bitte aufs WC?

Umgangsprachliches

there, there	oh, oh
whoops a daisy!	hoppla!
yuk!	igitt / pfui
night night	Schlaf gut
atschoo!	hatschi! (Niesen)
bless you!	Gesundheit! (nach d. Niesen)
chatterbox	eine Quasselstrippe
yummy	lecker

Adjektive / Adjectives and adverbs

big	groß
enormous	riesig
small	klein
tiny	winzig
slow	langsam
fast	schnell
quickly	schnell
hot	heiß
cold	kalt
warm	warm
hard	hart
soft	weich
dirty	schmutzig
clean	sauber
naughty	schlimm
good	brav
poor	arm
great	toll, großartig
bad	schlecht
fine	gut
happy	glücklich
sad	traurig
quiet	ruhig
angry	zornig, böse
loud	laut
pretty	hübsch / ziemlich
hungry	hungrig
thirsty	durstig
yummy	lecker
scared / afraid	ängstlich
difficult	schwierig
easy (easy peasy)	einfach
sleepy	schläfrig
tired	müde
old	alt
young	jung
jumpy	zappelig
sick, ill	krank
well	gesund, gut

Verben für Lautäußerungen / Vocal Verbs

laugh	lachen
whisper	flüstern
scream	schreien
talk	reden
hum	summen
whistle	pfeifen
snore	schnarchen
shout (hooray)	(Hurra) rufen
sing	singen
puff (blow)	blasen
munch	mampfen
animal noises	Tiergeräusche
sneeze	niesen
burp	rülpsen

Präpositionen und Partikel / Prepositions

behind	hinter
by	bei, an
down	hinunter
in	in

in front of	vor
next to	neben
on	auf
opposite	gegenüber
over	über
over there	dort drüben
under	unter
up	hinauf, oben
out	hinaus
around	umher
away	weg
between	zwischen

Bewegungswörter / Actions

sit cross legged	im Schneidersitz sitzen
with crossed legs	mit gekreuzten Beinen
kneel	knien
point to	auf etwas zeigen
close your eyes	mach / macht die Augen zu
open your eyes	mach / macht die Augen auf
clap	klatschen
snap your fingers	schnipsen
wave	winken
shake hands	Hände schütteln
pat your shoulder	sich auf die Schulter klopfen
scratch	kratzen
stroke	streicheln
shake	schütteln
raise your eyebrow	Augenbraue heben
tickle	kitzeln
wink	blinzeln, zwinkern
look left / right	nach links / rechts schauen
shrug your shoulders	mit den Schultern zucken
make a fist	eine Faust machen
wash your face	sich das Gesicht waschen
brush your teeth	sich die Zähne putzen
comb your hair	sich die Haare kämmen
touch your (nose)	(Nase) berühren
don't pick your nose	nicht in der Nase bohren
blow your nose	sich die Nase putzen
poke / stick your tongue out	die Zunge herausstrecken
stand up	aufstehen
sit down	hinsetzen
turn around	sich umdrehen
on one leg	auf einem Bein
on tip toes	auf Zehenspitzen
skip	hüpfen / etwas auslassen, überspringen
run	laufen
walk	gehen
walk backwards	rückwärts gehen
with eyes closed	mit geschlossenen Augen
on your knees	auf den Knien
crawl	krabbeln / kriechen
jump	springen
march	marschieren
lie down	sich hinlegen
make a bridge	eine Brücke machen
bow	sich verbeugen
curtsey	einen Knicks machen
wobble	taumeln, schwabbeln, schwanken
hide	sich verstecken
look for	suchen
run away	weglaufen
come back	zurückkommen
fly	fliegen
dance	tanzen
kick	kicken
fall down	herunterfallen
climb	klettern
swim	schwimmen

like a tiger, elephant	wie ein Tiger, Elefant
catch	fangen
chase	jagen
turn to stone	versteinen
stand in a row	in einer Reihe stehen
roll over	hinüberrollen / sich umdrehen
press-up	Liegestütze
sit-up	Rumpfbeugen
head over heels	Purzelbaum
rolly polly	rollen
to do a cartwheel	ein Rad schlagen
headstand	der Kopfstand
handstand	der Handstand
knee bend	die Kniebeuge
balancing	das Gleichgewicht halten
leg raises	Beine heben
relax	entspannen
tense	anspannen
listen	zuhören
stir	rühren
eat	essen
drink	trinken
sleep	schlafen
cry	weinen
peel	schälen
cut	schneiden
laugh	lachen
smile	lächeln
say cheese	für ein Foto lächeln

Bastelbegriffe

take a piece of paper	nimm ein Stück Papier
coloured card	ein farbiger Karton
string	die Schnur
ribbon	das Band
sellotape, sticky tape	das Klebeband
glue it together	zusammenkleben
tape it down	hinkleben (mit Klebeband)
scissors	die Schere
cut out	ausschneiden
strips	die Streifen
tie	binden
hold	halten
let it dry	trocknen lassen
paint	die Malfarben
brush	der Pinsel
colour in	anmalen
crayon	die Malkreide / der Buntstift
felt pen	der Filzstift
coloured pencils	Buntstifte
dough	der Teig (Spielteig)
clay	der Ton
model	modellieren
mould	formen
to let something set	fest werden lassen
decorate	schmücken / verzieren
cover with	mit etwas bedecken / abdecken
twist	drehen
tear	reißen
snip	klein schneiden
stamp	stempeln
shapes	die Formen
laminate	laminieren
use a ...	verwende ein ...
tie a knot	einen Knoten machen
tie a bow	eine Schleife binden

Grundwortschatz mit Aussprache – 1. Halbjahr

S1 01 Bauernhoftiere 1

			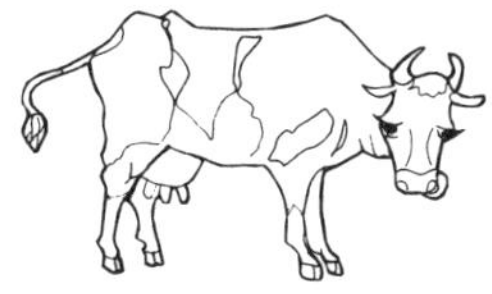
dog	cat	horse	cow
dɒg	kæt	hɔːrs	kaʊ

S1 02 Bauernhoftiere 2

sheep	pig	duck	hen
ʃiːp	pɪg	dʌk	hen

S1 03 Bauernhoftiere 3

mouse	rabbit
maʊs	ræbɪt

S1 04 Farben 1

red	yellow	green	blue
red	jeləʊ	griːn	bluː

S1 05 Farben 2

purple	orange	pink	brown
pɜːpl	ɒrɪndʒ	pɪŋk	braʊn

S1 06 Farben 3

black	white
blæk	waɪt

S1 07 Wilde Tiere 1

tiger	elephant	snake	monkey
taɪgə(r)	elɪfənt	sneɪk	mʌŋki

Grundwortschatz mit Aussprache – 1. Halbjahr

S1 08 Wilde Tiere 2

lion	hippo	crocodile	giraffe
laɪən	hɪpəʊ	krɒkədaɪl	dʒə'ra:f

S1 09 Wilde Tiere 3

bear	rhino
beə(r)	raɪnəʊ

S1 10 Zahlen (ohne Flash Cards)

one	1	wʌn
two	2	tu:
three	3	θri:
four	4	fɔ:(r)
five	5	faɪv
six	6	sɪks
seven	7	sevn
eight	8	eɪt
nine	9	naɪn
ten	10	ten

S2 11 Wiederholung

S2 12 Körper 1

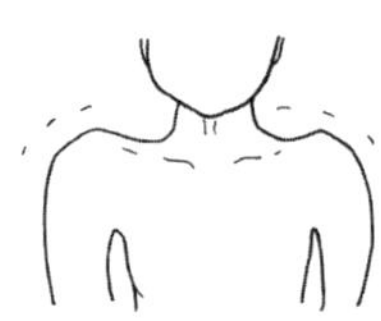
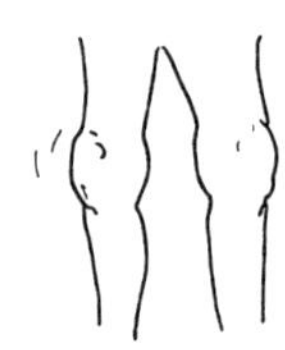
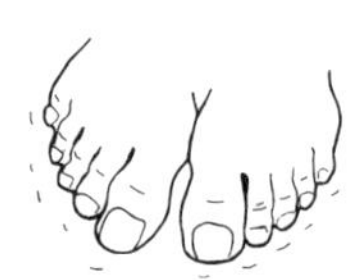

head	shoulders	knees	toes
hed	ʃəʊldə(r)s	ni:z	təʊz

Grundwortschatz mit Aussprache – 2. Halbjahr

S2 13 Körper 2

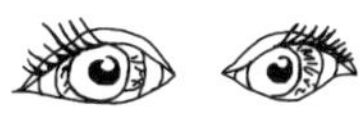
eyes
aɪz

ear
ɪə(r)

mouth
maʊθ

nose
nəʊz

S2 14 Körper 3

thumb
θʌm

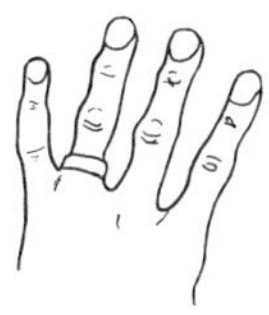
fingers
fɪŋgə(r)s

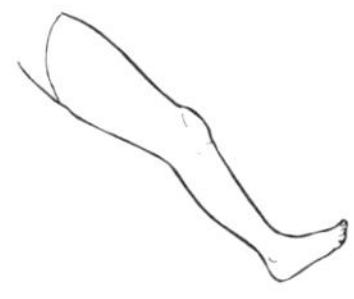
leg
leg

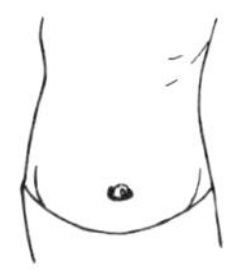
tummy
tʌmi

S2 15 Kleidung 1

hat
hæt

jacket
dʒækɪt

scarf
skɒ:f

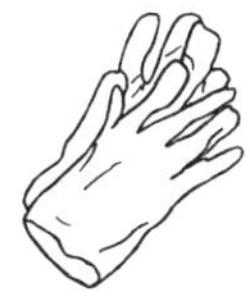
gloves
glʌvz

S2 16 Kleidung 2

socks
sɒks

shoes
ʃu:z

T-shirt
ti ʃɜ:t

trousers
traʊzez

pullover
pʊləʊvə(r)

skirt
skɜ:t

Grundwortschatz mit Aussprache – 2. Halbjahr

S2 17 Familie

Mummy
mʌmi

Daddy
dædi

baby
beɪbi

child
tʃaɪld

Grandpa
grænpɒː

Grandma
grænmɒː

S2 18 Wetter

sun
sʌn

rain
reɪn

umbrella
ʌm'brelə

sunglasses
sʌnglaːsɪz

S2 19 Natur 1

tree
triː

bird
bɜːd

flower
flaʊə(r)

leaf
liːf

S2 20 Natur 2

bee
biː

ladybird
leɪdibɜːd

butterfly
bʌtəflaɪ

caterpillar
kætəpɪlə(r)

S2 11 Wiederholung

S3 22 Essen 1

apple
æpl

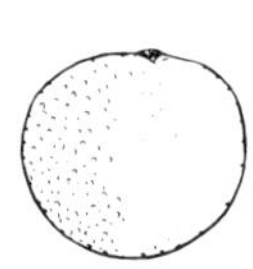

orange
ɒrɪndʒ

pear
peə(r)

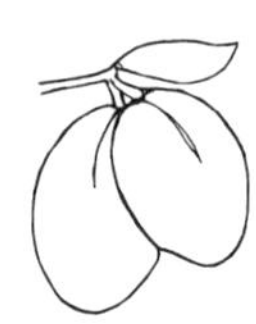

plums
plʌms

Grundwortschatz mit Aussprache – 2. Halbjahr

S3 23 Essen 2

sausages
sɒsɪdʒɪz

ice-cream
aɪs krːm

cake
keɪk

sweets
swiːts

S3 24 Essen 3

milk
mɪlk

juice
dʒuːs

tea
tiː

coffee
kɒfi

S3 25 Natur 3

worm
wɜːm

snail
sneɪl

mushroom
mʌʃrʊm

nut
nʌt

S3 26 Natur 4

squirrel
skwɪrəl

hedgehog
hedʒhɒg

fox
fɒks

frog
frɒg

S3 27 Haus 1

house
haʊs

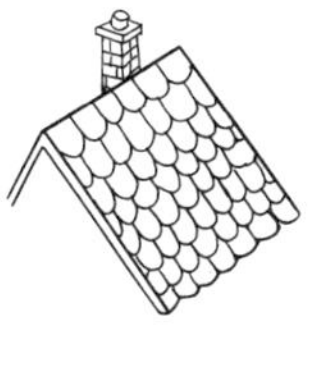
roof
ruːf

window
wɪndəʊ

door
dɔː(r)

Grundwortschatz mit Aussprache – 3. Halbjahr

S3 28 Haus 2

table
teɪbl

chair
tʃeə(r)

bed
bed

bath
baːθ

S3 29 Transport 1

car
kaː(r)

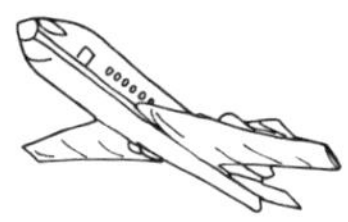

plane
pleɪn

truck
trʌk

train
treɪn

S3 30 Transport 2

bike
baɪk

tractor
træktə(r)

boat
bəʊt

bus
bʌs

S4 31 Wiederholung

S4 32 Spielzeug 1

doll
dɒl

teddy bear
tedi beə(r)

ball
bɔːl

picture Book
pɪktʃə(r) bʊk

S4 33 Spielzeug 2

game
geɪm

paints
peɪnts

swing
swɪŋ

slide
slaɪd

Grundwortschatz mit Aussprache – 4. Halbjahr

S4 34 Essen 4

	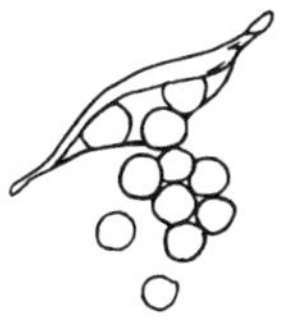	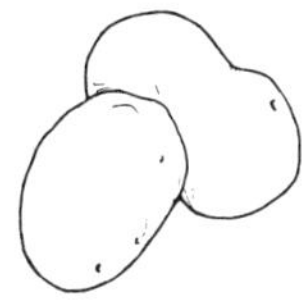	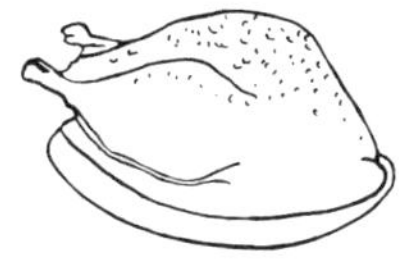
carrot	peas	potatoes	chicken
kærət	piːz	pəteɪtəʊz	tʃɪkɪn

S4 35 Essen 5

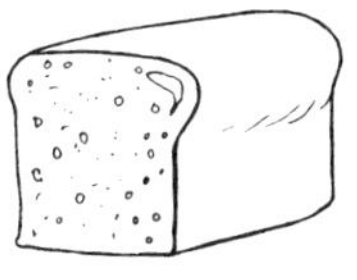			
bread	butter	jam	boiled egg
bred	bʌtə(r)	dʒæm	bɔɪld eg

S4 36 Essen 6

cup	plate	knife	fork	spoon
kʌp	pleɪt	naɪf	fɔːk	spuːn

S4 37 Haus 3

keys	handbag	money	phone
kiːz	hændbæg	mʌni	fəʊn

S4 38 Haus 4

toilet	sofa	TV	stairs
tɔɪlət	səʊfə	ˌtiː ˈviː	ste(r)s

Grundwortschatz mit Aussprache – 4. Halbjahr

S4 39 Haus 5

				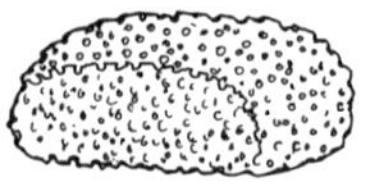
brush	toothbrush	comb	soap	sponge
brʌʃ	tuθbrʌʃ	kəʊm	səʊp	spʌndʒ

S4 40 Natur 5

dolphin	fish	sea	shell	shark
dɒlfɪn	fɪʃ	siː	ʃel	ʃa:k

BÜCHER

Hand Rhymes
Steve Augarde
Cartwheel Books 1996

Sing Song Dingadong
Gabriele Bader. Veritas 2003

Conrad and Company Serie
Robin Davis/Guenter Gerngross/Herbert Puchta.
Longman 1994

Super Mouse
Gudrun Baumann/Anton Prochazka/Sandra Prokop/
Heike Birner.
Hueber 2004

Popcorn Sandwich Pussycat
Irmgard Maria Burtscher. Veritas 2001

The Wheels on the Bus
Kate Merritt. Ladybird 2005

Cool Stories - Witzige Geschichten zum Mitmachen
Verena Chavanne. öbvhpt 2001

Cub Scout Leader How-To Book
Boy Scouts of America 2005 (www.scoutstuff.org)

Das grosse Buch der Kinderlieder
Monika Laimgruber. Betz Annette 2006

Kids 1- 4 Serie
Sandra Fierling/Barbara Kerschbaumer/Claudia Vocitko/
Patricia Hausner. öbv und hpt 2004

55 Five-Minute Games
Christine Fink.
Verlag an der Ruhr 2005

First Songs
Helen Finnigan.
Ladybird Books 1985

Playway to English Serie
Gunther Gerngross/Herbert Puchta.
Helbing 1997

The New You and Me Serie
Gunther Gerngross/Herbert Puchta.
Langenscheidt/Longman 1994

The Practice of English Language Teaching
Jeremy Harmer. Pearson Longman 2007

Humpty Dumpty and other Nurse Rhymes
Ladybird 2004

The Early Bird Catches the Worm
Dagmar Kamm. Don Bosco 2001

Language Through Play
Patricia Denner. Ayer Co Publishing 1991

Games for Children
Gordon Lewis. Oxford Press 2004

The English Verb.
Exploration of Structure and Meaning
Michael Lewis. Klett, Language Teaching Publications
1986

Sim Sala Sing – Das Liederbuch für die Volksschule
Lorenz Maierhofer. Helbling 2005

Very Young Learners
Vanessa Reilly. Oxford Press 1997

Das Ohr – die Pforte zum Schulerfolg
Alfred A. Tomatis. Modernes Lernen Borgamnn 2004

Auf Englisch Theater spielen
Egon Turecek. G&G Verlagsges. 2006

Grammar Practice Activities
Penny Ur. Cambridge University Press 1994

Grammar Games and Activities
P. Watcyn-Jones. Penguin 2001

English to Go Serie
Tanja Westfall/Charlie Weber.
öbv und hpt 2006

MUSIC CDs

Little Ones – Englisch im Kindergarten
Lieder und Playbacks. SCHUBI Lernmedien 2009

Early Learning Songs
Early Learning Centre. CRS Records 2005, vergriffen, evtl. antiquarisch erhältlich

First Activity Rhymes
Early Learning Centre.
CYP Ltd. 2004, vergriffen, evtl. antiquarisch erhältlich

Heads, Shoulders, Knees and Toes, Silly Songs
CRS Records 2004

If You're Happy
Kontakte Musikverlag, VBE 2002

Pons Singlish 1, Englisch durch Kinderlieder
Klett 2005

Pons More Singlish
Klett 2005

VIDEOS / DVDs

Balamory Musical Stories
Julie Wilson Nimmo/Juliet Cadzow/Rodd Christensen.
BBC 2005

Barney, Let's got to the farm
HiT Entertainment 2005

Bob the Builder
HiT Entertainment 2007

Fireman Sam
HiT Entertainment 2005

Kipper
HiT Entertainment 2004

Postman Pat
Universal Pictures 2005

Rupert
Fremantle Home Entertainment 2008

Thomas the Tank
Engine Serie 2. Entertain Video 2003

Calling all Toddlers 1 and 2
Abbey Home Media 2002

Classic Nursery Rhymes
Darren Day. 4 Front Video 2004